游艇强度与结构规范法设计

陈建平　主编
陈超核　主审

HEUP 哈尔滨工程大学出版社

内容简介

全书共分9章，主要介绍游艇结构与强度规范设计的相关知识。第1章为游艇的简要介绍，第2章介绍了游艇的完整稳性，第3章介绍了船体外载荷的计算方法，第4章和第5章分别介绍了游艇船体梁强度和局部载荷的计算方法，第6章介绍了艇体构件的稳定性及其计算，第7章介绍了游艇结构设计要求和方法，第8章对艇体构件的具体尺寸设计要求做出了规定，第9章介绍了游艇其他重要结构的设计规定。

本书可作为高校非船舶类游艇专业课程教材，也可作为高职高专院校船舶技术专业游艇方向基础课教材，也可供各类船舶和游艇修、造船厂、科研设计单位的有关人员参考。

图书在版编目(CIP)数据

游艇强度与结构规范法设计/陈建平主编. —哈尔滨:哈尔滨工程大学出版社,2017.7
ISBN 978-7-5661-1524-9

Ⅰ.①游… Ⅱ.①陈… Ⅲ.①游艇—船舶设计—高等学校—教材 Ⅳ.①U674.910.2

中国版本图书馆CIP数据核字(2017)第145478号

选题策划 史大伟
责任编辑 薛 力
封面设计 博鑫设计

出版发行 哈尔滨工程大学出版社
社　　址 哈尔滨市南岗区东大直街124号
邮政编码 150001
发行电话 0451-82519328
传　　真 0451-82519699
经　　销 新华书店
印　　刷 黑龙江龙江传媒有限责任公司
开　　本 787 mm×1 092 mm 1/16
印　　张 7.75
字　　数 198千字
版　　次 2017年7月第1版
印　　次 2017年7月第1次印刷
定　　价 22.00元
http://www.hrbeupress.com
E-mail:heupress@hrbeu.edu.cn

前　言

本书按照教材适用对象，注重培养学生实践能力和严谨的工作态度，按照简明、适用的原则，系统介绍了船舶静力学和船舶动力学游艇结构与强度规范设计的相关知识。本书每章给出学习要点，在每章最后，根据学习要点给出一定量的练习题，培养学生动手实践的能力，使得教－学－用紧密结合，便于加深对知识的理解。

本书由广州航海学院副教授陈建平博士主编，华南理工大学土木与交通学院副院长陈超核教授主审。陈建平编写第1章、第2章、第3章和第4章，广州航海学院宋博编写第5章和第6章，华南理工大学欧礼坚编写第7章，广州航海学院龚幼编写第8章，广州航海学院唐伟炜编写第9章，全书最后由陈建平统稿。本书的编写得到了广州船舶与海洋工程研究院副院长姜华研究员和福建船政交通职业技术学院徐莉副教授的大力支持。同时，本书编写过程中，广泛征求了有关教师、行业主管部门和造船企业的意见，使教材的系统性和实用性更强，在此一并表示衷心的感谢。

由于编者水平有限，疏漏和不足之处在所难免，欢迎读者批评指正。

编　者

2017年2月

目　　录

第1章 游艇概论

【知识要点】

(1)了解游艇的一般性知识,对游艇的发展历史脉络清晰;
(2)掌握游艇的特点,了解游艇与一般民用运输船舶的共性和区别;
(3)了解我国游艇业的现状以及发展趋势。

本章主要介绍游艇的一般性知识,并对游艇的产生和发展的历史进行简要介绍。重点对我国的游艇发展现状和发展趋势进行了介绍。在对国内外游艇的历程进行介绍的过程中,对游艇经济的兴起做出原因分析。

1.1 游艇概念

提起游艇,人们自然会想到画舫、龙舟、赛艇、太湖游船、浦江游览艇、青岛海滨的帆船等。那么,它们属于不属于游艇呢?广义地说,它们也属于游艇家族中的成员。在游艇发展的历史长河中,它们都起到了一定的作用。在中国人眼中,通常称大一些的舟为“船”;小一些的舟为“艇”。其实也没有明确的界线。我国的风景旅游景点有数以万计的营业性游艇,从设计、生产、使用功能的角度看,它们和私家游艇没有多少区别。但从营运管理的角度来说,从事商业营运的船舶与自身使用的船舶两者的要求是不同的。本书所述的游艇主要指后者,是指符合交通部指定的《游艇安全管理规定》中所述的那种家庭用游艇。但在公园、风景水域供人们自驾游、租赁游、公众游览或娱乐用的船只也作为游艇家族中的成员而被提及。

2009年1月1日起施行的中华人民共和国交通部《游艇安全管理规定》中对游艇的表述:“是指仅限于游艇所有人自身用于游览观光、休闲娱乐等活动的具备机械推进动力装置的船舶。”

中国船级社(CCS)《游艇建造规范》对游艇的定义:游艇,系指从事非营业性游览观光、休闲娱乐等活动的船舶,包括以整船租赁形式从事前述活动的船舶。其适用范围是:总长90 m以下,非营业性(含整船租赁)、乘员12人以下的游艇;超出这三个条件任何一款的游艇则按客船的相关规定执行。

中华人民共和国海事局《船舶与海上设施法定检测规则——游艇法定检测暂行规定》中界定的适用范围仅包括海上与内河航行的20 m以下的机动游艇,但不包括帆艇、充气式游艇及体育运动艇。

上述管理规定、建造规定和法定检测规则对游艇的界定仅仅处于各种规范、规定本身的使用性考虑，界定了管理游艇的边界范围，而非通常的定义。

欧洲从法律上对游艇的界定为：指长度不小于 2.5 m，不论属于何种性质的器具或设备，其作为或可作为水上的移动装置的航水器具，且用于非营利性的海上运动、钓鱼或其他娱乐。

综上所述，可以看出游艇的本质是指拥有人用于休闲娱乐、游览观光、航海运动等水上活动的船舶。游艇管理公司也可以将自有游艇、受托经纪游艇用来出租。

游艇与游船应该是有本质上的区别的，打个比方，就好像住宅与宾馆的差异。游艇好比自有住宅，只接待家人、朋友，非营利性，出钱者也不一定让他进。而游船好比宾馆，只要出钱就可以预定其中的一间或多间房，是以盈利为目的，且向公众开放。

帆船（艇）的历史非常悠久，它是古老的游艇品种，至今依然散发出迷人的魅力。一些小的帆船没有机械动力，在奥运会中设有竞赛项目。但近代的风帆船游艇除了依靠风帆做动力外，极大部分都配备了机械动力的辅助推进装置，当不适合风帆航行或需要机动时，它们可以依靠自身携带的动力推进装置进行短距离的航行或实施操纵，大大提高了安全保障能力。

游艇是一种水上娱乐用的高档耐用消费品，也是一种最具时尚特征的休闲娱乐载具。它集航海、运动、娱乐、休闲等功能于一体，主要满足个人或家庭进行娱乐和运动的需要。在发达国家，游艇像轿车一样多为私人拥有或租赁使用。而在发展中国家的起始阶段，游艇多作为水上观光、景点旅游的船只供人们消费。游览艇属于消费品中的特殊商品，有别于作为运输工具的旅游客船。

我国海关将游艇归纳在四个商品编码内：

89031000：充气的（Inflatable）；

89039100：帆船，不论是否装有辅助发动机（Sailboats）；

89039200：摩托艇，但装有舷外发动机的除外（Motorbats）；

89039900：其他（Yachts and other vessels for pleasure sports）。

1.2 国内外游艇发展史

1. 国外游艇发展史

起源于荷兰的游艇有三百多年的历史，游艇开始作为皇家贵族巡航和休闲娱乐的工具，后被作为欧洲皇族间的互赠礼品。17 世纪中叶，英皇查尔斯二世登基时，荷兰赠送了一艘 20 m 长、5.6 m 宽的游艇给查尔斯二世，成为英国第一艘做工精美、具有游艇意义的皇家狩猎钓鱼艇。此时，王公大臣们纷纷效仿，把渔船改装为豪华的娱乐用艇。18 世纪，欧洲海洋国家的贵族、富豪竞相改装帆船来夸耀自我，成为一种风气。19 世纪，英国人把螺旋桨和蒸汽机用到游艇上，产生了动力游艇。

现代意义上的游艇产业始于第二次世界大战后，从 20 世纪 50 年代至今，世界游艇业发展大致上经历了四个发展阶段，其基本特征分述如下：

（1）第一阶段：现代游艇萌发期

20 世纪 50 年代，世界航运业和造船业刚刚从第二次世界大战的噩梦中苏醒过来。当时一部分生产鱼雷艇的工厂开始转向民营品生产，他们擅长的高速艇技术被转移到游艇的开发上来。例如美国亨特（Hunter）公司在战时是高速军用艇的主要生产厂，战后转为美国最大的游艇制造商，在游艇的性能和创新方面处于世界领先地位。沃斯珀（Vosper）公司研制成功燃气动力的快艇，也曾风靡一时。但这种高速艇主要用于赛事和公务艇，还没有进入家庭。但它们的小艇制造技术对游艇产生极大影响，如铝合金艇的制造技术、胶合木结构艇的制造技术以及高速轻型发动机的制造技术。

图 1－1 是美国希金斯（Higgins）公司 1959 年推出的一艘全新设计的快艇，用于运送墨西哥湾海上油田的工作人员。艇的主要尺寸为：艇长 16.12 m；艇宽 4.84 m；舷高 2.41 m；最大吃水 1.22 m；空船排水量 12.70 t；满载排水量 18.18 t；船员 2 人；载客 30 人；主机为 2 台索拉（Solar）公司的燃气轮机，功率均为 367.65 kW；巡航速度 34.75 kn（节）。艇体用 5456 铝镁合金焊接而成。艇底形状的特征是有多条纵向棱状条肋，使艇底部横向呈阶梯状。这种“阶梯”所引起的横向斜升总高度有可能比具有相同面积的光滑艇底的斜升大得多，以此提供一个较小的进水角以减少波浪的冲击。“阶梯”阻碍水沿艇体由龙骨到舭部的横向运动，以减少飞溅以及当艏部产生下沉运动时能起到气垫缓冲作用。据称，这种“多棱形”艇体在风浪中能发挥高速并有良好的航海性能，在 1 m 波高的海情下可以达到 34.75 kn（1 kn＝1 n mile/h＝1.852 km/h）的全速航行。这种多棱形艇体问世以后，对后来的深 V 形游览艇产生重大影响。

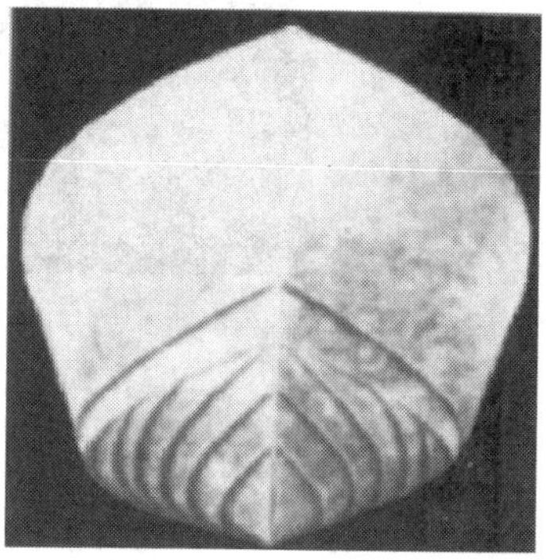

图 1－1 多棱形艇体（1959 年）

与此同时，日本综合了二次大战时使用的高速艇船型的优缺点，研制成功了耐波性优良的“波形艇体”。德国雷中（Lurssen）船厂对高速圆舭型艇体做了改进，成为意大利游艇的主流形状。

二战结束到 20 世纪 50 年代中期的十多年间，世界游艇的年销售量约为 3 100 艘，销售金额约 5 270 万美元。至 20 世纪 50 年代末，世界游艇市场销售为 10 多亿美元。其中 71% 为木质结构的小型机动艇和帆艇，少量为铝制结构的机动艇，大部分是作为现代游艇萌芽特征的舷外挂机动艇。以美国为例，1965 年，舷外挂机动艇销售量就达到 64.2 万台，是美国当时历史上舷外挂机年销售量最高纪录，并至今未打破。

（2）第二阶段：现代游艇成长期

进入 20 世界 60 年代，世界经济迎来了战后第一个快速发展期。西方发达国家人们生活水平提高，拉动了游艇经济的发展，开始了真正意义上现代游艇的成长期。从制造材料上说，20 世纪 60 年代前半期以胶合木结构为主，在后半期，玻璃钢材料和工艺逐步成熟，对现代游艇的发展产生巨大影响。

这个时期，现代游艇的发展以美国和意大利厂商为代表。最为显著的技术创新是“飞桥”（Flying Bridge）的发明和复式驾驶控制台的出现。这项源于美国人的发明原本用于渔船，它使得游艇露天体积和面积都增加了 30%，并因此革命性地改变了摩托游艇的类型。

在意大利，1968 年出现了第一批装备复式驾驶控制台的游艇。它们分别是 Baglietto16.50、Italcaft X44 和 Tiger。所谓复式驾驶控制台是指飞桥（甲板）上设置的第二套驾驶台，它具有与座舱中驾驶台联动的功能。11.5 m 的游艇 Tiger 是著名设计师 Paolo

Caliafi 最初作品之一,由 Mangini 公司为 Picchiotti 制造(图 1－2)。

图 1－2　Tiger 艇(1968 年)

在 20 世纪 60 年代初期,这时候艇体外板都是采用航海胶合板制作,只有体积很小的艇才会采用玻璃钢材料。这种胶合板制造的游艇外观线条生硬,表面平坦,缺乏柔和的曲线过渡。这是 20 世纪 60 年代在外观设计方面受到的最为明显的限制,直到 20 世纪 70 年代中期,这种外观生硬的线条才转向更为柔顺、美观的曲线。

20 世纪 60 年代后期,意大利等国从美国引进玻璃钢材料和艇的制造技术,导致游艇制造技术的革命性变化。玻璃钢材料以其色彩鲜丽、亲和力好、高强度、容易成型和可批量生产等特点,为世人所青睐。以玻璃钢为材料制造的游艇开始进入市场,并得以迅速发展。形成了完善的制造、销售、修理、服务、金融、保险等综合配套的工业和市场体系。加上游艇展览会活跃,游艇俱乐部、游艇码头应运而生。世界游艇年销售金额达到 16 亿美元,其中玻璃钢游艇份额占到了 69%。

(3)第三阶段:世界游艇高速发展期和四大板块的形成

从 1973 年开始,世界出现了能源危机,航运和造船业都出现了一个低迷的时期。这个刚刚兴起的游艇热潮随着第一次油料冲击而有所消退。日本 1974 年原定举办的第 13 届游艇展览会被迫中止。这种游艇业的低迷现象直到 1975 年才慢慢复苏。随即进入一个为期 15 年的高速发展期。

在这个时期,游艇设计的创新思想不断通过设计大师的作品演绎出来。逐步形成现代游艇的特征和格调。

1975 年,世界经济开始复苏,那时的日本游艇界致力于开发低价、经济的游艇作为目标,把目光集中在了日本远古渔业者使用过的“和船”上(日式的小型渔船)。这个时期,由于东发株式会社开发 1.5 hp① 舷外挂机以来经过了约 20 年的历程,日本舷外挂机的功率也按照 10 hp,20 hp,40 hp,50 hp 的顺序逐步大型化,许多渔业者使用了安装舷外挂机的渔船。于是用这样的渔船改造成了钓鱼游艇。这种类型的游艇因经济适用而得到快速推广。不用说,因为日本人确实喜欢钓鱼,也喜欢吃鱼,恰好有了日本人喜欢的游艇。从那时起,玩船这一娱乐方式,从一部分有钱人的娱乐转变成了普通人们的娱乐。1979 年,开始了用钓鱼船拖着延钓绳来钓金枪鱼的称为“Billfishtournament”的钓鱼竞赛活动。

---

① 1 hp = 735 W

在1975年，意大利Alfamarine造船厂制造出Bronte 40型游艇。该艇有索尼·列维(Sonny Levi)和弗朗哥·哈瑞尔(Franco Harrauer)设计。这是一款很有意思的艇(图1－3)，它是开放式的，具有摩托艇和渔船的功能，尤其是防风玻璃的使用具有原创性，这是由一整块水晶做成的。

图1－3　意大利Bronte 40型游艇(1975年)

Technema 65型游艇(图1－4)与1978年由意大利Posillipo造船厂制造，它由吉恩尼·佐康(Gianni Zuccon)设计。该艇现代、优雅和精致的线条标志出摩托游艇的另一个重要里程碑。

图1－4　意大利Technema 65型游艇(1978年)

意大利Alfamarine造船厂在1982年推出了一个令人惊喜的Cronos 83型游艇(图1－5)。该艇由弗朗哥·哈瑞尔(Franco Harrauer)设计，这是第一艘完全意义上的宽体或整体横梁的游艇，桥楼室从头贯穿到尾部，外表紧凑连贯，没有侧边的过道，以确保内部空间尽可能地宽敞。

进入20世纪80年代，玻璃钢材料的使用已日趋成熟。对新材料的运用自如和玻璃钢丰富的表现力促使设计师们采用更为流畅的线条，而非传统的几何图形。1983年，意大利即使纪录显示出新材料的潜力：Azumut 105 Failaka艇的长度为30.80m，是当时最大的由玻璃钢模具制造的游艇，该记录保持了多年。

20世纪七八十年代，随着西方各国经济的恢复和发展，游艇购买力大幅提高，美国、西欧、北欧游艇市场对各类游艇的需求量越来越大。

20世纪70年代后，亚太地区游艇制造业也进入了快速发展期，日本很快就成为第二大游艇产品出口国，中国台湾地区年出口2万多艘游艇而成为第三大游艇出口地。

图 1-5 意大利 Cronos 83 型游艇(1982 年)

20 世纪 70 年代世界游艇市场形成以美国、西欧、北欧、亚太地区为主的四大板块,世界主要游艇生产消费国都处于空前繁荣时期。1981 年美国游艇销售金额达到 81 亿美元,到 1988 年总销售额已高达 179 亿美元。

(4)第四阶段:稳定成熟期

进入 20 世纪 90 年代,部分国家游艇市场进入调整期,但国际游艇市场处于稳定的发展状态。90 年代,游艇向大型化发展,大量的航空、航天先进科技渗入游艇,游艇的附加值不断提升,出现了巨型游艇(即尺度不断增长,装修奢侈,科技含量提升)。

20 世纪 90 年代初,意大利的游艇业进行了重组,这一变化集中体现在三大领域集团的形成:Azimut、Frrretti(法拉帝集团)和 Mochi Craft。

这些年里,辉煌的业主和富有创意的设计师一起铸就了无数卓越的品牌。在这个对奢侈品权威品牌越来越敏感的市场中,设计师日益成为重中之重的主角。设计师的作品除了技术含量以外,还有宣传价值。他的名字也会因此成为其设计的船只品质和风格的一个强有力的商业代言。

1992 年,由意大利 Navali del Golfo 公司出产的 Ipanema 15 Fly 凭借其特立独行的格调以及柔性流畅的线条在那几年的市场上占有一席之地。Ipanema 15 Fly(图 1-6)这一款融入了很多创新元素;很具有曲线感的门窗结构延伸至船尾,这与当时其他艇体一模一样的结构差异很大。

20 世纪 90 年代,发达国家的环境保护意识增强,一些国家(如日本)的泡沫经济破碎,游艇经济又一次陷入低迷。因发达国家人力成本和环境保护方面的成本提高,玻璃钢造艇企业迅速向中国台湾、香港、澳门等地区转移,使我国以台湾为代表的游艇制造业一下子发展起来,从来料加工,替人家造船到自主品牌的建立,经历了漫长的历程。在向欧、美、日本出口游艇的同时,本地区的游艇消费也悄然升温,尤其是港澳地区率先一步进入游艇消费时代。

中国台湾嘉鸿游艇创立于 1987 年,正值台湾游艇业巅峰,享有“游艇王国”美名之时。嘉鸿游艇自 1987 年以 30 人创立至今,在短短 20 年间,便发展成为全球第六大、亚洲第一的游艇制造商。旗下现有三家不同船型游艇制造厂,一家 FPR 复合材料厂,一家家具制造厂及一个美国办事处。现有员工约 1 100 名,土地面积约 110 000 m^2,且在持续发展中。嘉鸿游艇以自创品牌“Horizon”(图 1-7)销往世界各国。欧洲市场为最主要的外销输入地,其次为北美市场,亚洲及澳洲。

图1-6 意大利风格的 Ipanema 15 Fly 型艇(1992 年)

图1-7 Horizon 系列中的 Elegance 53 型游艇

对环境的保护,国际上提出了许多控制目标,如发动机的加速噪声要减低至 74 dB 以下。美国对汽油发动机废气排放制定了控制减排目标,并且这个排放标准在不断修正,越来越严格。日本配合这项活动,推进了 4 冲程舷外挂机以及直喷型 2 冲程舷外挂机的开发。现在,日本国内出厂的舷外挂机,80% 以上是环保型的。世界各国的动力机生产厂商都已投入巨资研制低排放污染的机型,即"低碳化",以满足不断提升的环境保护要求。

在 1999 年的上海国际游艇展览会上,日本本田(Honda)牌舷外机率先打出了"绿色动力"的大幅标牌。本田公司推出的环保型舷外机以液化气为燃料,据称该产品与四冲程汽油机国家排放标准比较,其 HC(碳氢化合物)排放降低了 75%,若与 2 冲程汽油机国家排放标准比较,则其 HC 排放降低了 97%。这种液化气环保型舷外机首先在我国著名的风景旅游区——九寨沟游艇上使用。

关于游艇大型化的趋势在进入 21 世纪后更为明显,各大游艇巨头都推出了长度 24 m 以上的游艇,国际上普遍把 80 ft(24 m)以上的游艇列为大型游艇,这种游艇的造价高,装饰奢侈,属于豪华游艇。例如2004年,山东烟台莱福士船业有限公司为香港LPG公司建造的“亚洲女士”号游艇(图1-8)成为我国国内制造的最大私人豪华游艇。该艇造型别致,为新颖的非对称双体船,与单体船相比具有更好的稳性,“亚洲女士”号游艇长88 m,有6层甲板,主甲板以上采用玻璃幕墙装饰,内部装修豪华舒适,设有大型餐厅、娱乐中心、健身房等多功能舱室和9个高级套房。并设有直升机平台及海底潜水观光娱乐设施。2007年,“亚洲女士”号在世界超级游艇长度中仅列第29位。2010年,全球最大私人游艇“日食”号进行了处女航,这艘游艇是德国一家船厂为俄罗斯亿万富翁曼·阿布拉莫维奇打造的,长度达到162 m,船上配备有豪华影院、游泳池、水上摩托等设施。在安保方面,“日食”号更是有雷达、导弹防御系统、近距离武器识别系统,此外所有客房都安装了防弹玻璃。关于该艇的造价没有准确的数据,据说达到三亿四千万欧元。

图1-8 “亚洲女士”号超级游艇(2004年)

进入21世纪,对照北美、欧洲游艇市场的强劲势头,亚太地区国家游艇市场份额不断减少,形成以北美洲和欧洲为主的两大游艇市场。美国仍然是世界上最大的游艇消费国和游艇市场。1997年以来,美国游艇业销售收入一直保持平均每年8%的增长速度,2002年美国游艇的销售额突破了300亿美元,大约占世界游艇总份额的55%,保持着世界游艇市场的霸主地位。这个时期,美国游艇数量基本维持在1700多万艘的水平,参与人数大约占总人口的1/3。2007年,美国游艇销售额(包括游艇、配件销售和维护服务等相关消费)高达375亿美元。

现在西方国家几乎把所有的最先进的科技产品装备到游艇上。游艇装备甚至超过了汽车,成为当今世界仅次于私人飞机的奢侈游乐装备。

2. 国内游艇发展史

(1)历史追溯

我国的游艇说来源远流长,但风格与国外截然不同。流传在民间的画舫就是融入中国古老文化的游艇。

画舫出现在皇宫花园和有钱人家的庭院中已经有几百年的历史,北京的颐和园、北海、什刹海、恭王府,南京的总统府(煦园)至今仍可见到昔日画舫的遗迹(图1-9)。画舫的造型宛如一座水上行宫,宫殿的飞檐、琉璃瓦、雕梁画栋、亭台楼阁,浓缩了中国古建筑之精华。它既供人们乘坐，浮动于水面之上，浏览园中景色，同时它又构成园中一景，与周围的建筑、园景交相辉映，成为一道流动的风景线。图 1－10 是 20 世纪 80 年代初在扬州瘦西湖上恢复建造的第一批画舫。

图 1－9 南京总统府煦园内保存完好的石头画舫

图 1－10 瘦西湖画舫(1980 年)

(2)我国近代游艇工业发展历程

中国大陆近代游艇工业起步于 20 世纪 50 年代，期间经历了几十年缓慢的发展过程，直到 21 世纪初才形成初步发展的局面。这里以休闲(或称家用型)游艇的开展、建造为基准，将我国游艇工业发展历程分为以下三个阶段。

①萌芽阶段(20 世纪 50 ~ 70 年代)

20 世纪 50 年代，我国从英国引进了玻璃钢纤维材料生产技术，1958 年首条聚酯玻璃钢艇由上海耀华玻璃厂试制成功。

20 世纪 60 年代，中国台湾、香港和澳门三地区开始大规模地引入游艇的生产与消费，并且得到了良好的发展。台湾地区率先形成了具有国际水准的生产能力，2003 年，台湾游艇产值达到20亿美元。香港和澳门则引入了世界各国各种各样最先进的游艇，现在两地在册的游艇加起来超过了15 000艘。

我国大陆于20世纪70年代中期开始制造FRP游艇。由于消费水平较低，主要制造小型游乐艇，如供公园、人工湖及海边用的划桨艇、机动小艇和游览艇，后为适应旅游景区的需要，逐渐建造客位较多的游艇，大多是用作游览观光和交通执法的机动游览艇。艇体材质仍以钢质为主，如太湖游艇(1－11)。

图1－11　太湖游艇(1980年)

②起步阶段(20世纪80年～90年代)

进入20世纪80年代，改革开放的深入和国内旅游业的蓬勃发展，促进了游艇工业的发展，江苏、浙江、广东、福建、山东等沿海地区陆续涌现出一批专业生产游艇的厂商，这些企业通过引进国外先进技术、来料加工、与外商合资和技术合作等途径，开始生产各种不同规格、不同型号的游艇，其中包括豪华型游艇。

20世纪80年代初，一方面我国玻璃钢材料应用技术日趋成熟，另一方面，发达国家的环境保护意识和人工成本的增长，导致美、日、香港及中国台湾等游艇厂商开始与大陆的FRP船厂合作生产游艇。通过来料加工，引进专家和先进技术，与外商合资以及外商独资办企业等形式，促进了大陆FRP游艇的发展。

在这期间先是根据欧美等客商的要求，采用国外原材料和设备生产了帆艇、钓鱼游览艇及家庭用艇，取得了一定成绩，后来又逐渐发展到与国外合作，涉及自行设计建造较大的游艇乃至高档豪华游艇。

创建于1976年的东莞玻璃钢船厂是大陆较早生产FRP游艇的国有企业，建厂以来生产了各种规格的摩托艇、高客船和豪华游艇。1979年英国来料加工生产了8艘30 ft(9.144 m)帆船出口英国，是大陆首次出口游艇。特别是1994—1995年为法国Catana游艇公司建造了4艘双体风帆机动游艇，当时在广东地区产生了很大影响。

1981年9月中国改革开放后最早兴建的一批外资企业——深圳江辉船舶工程有限公司在深圳蛇口工业区建成投产，1982年4月生产出第一艘30 ft(9.144 m)的豪华型游艇“吉卜赛岛人”号，销往美国。此后，以“吉卜赛岛人”(ISLAND GYPSY)为商标的系列豪华游艇跻身于世界名牌游艇行列(图1－12)。

1966年，当时的第六机械工业部决定在江西创建内河小艇厂。代号为：国营9318厂。后改名为江新船厂。1982年由中船总投资，上海708所设计、江新船厂建造的52 ft(15.85 m)分桥游艇(图 1－13)是中国自己设计和建造的第一艘游艇,至 1984 年共建造 4 艘,3 艘出口,一艘留在国内使用。

图 1－12　ISLAND GYPSY 系列 51 ft(15.54 m)游艇(1990 年)

图 1－13　江新船厂建造的 52 ft(15.85 m)飞桥游艇(1982 年)

1970 年由国家投资建造的常州玻璃钢造船厂是大陆 FRP 造船行业中建厂最早的国有企业。1984 年 4 月 28 日,在武汉市东湖风景区里,两艘由常州玻璃钢造船厂生产的玻璃钢快艇正高速飞驶在听涛区与磨山之间的广阔湖面上。这是在东湖风景区管理局的支持下,首次使用玻璃钢游艇开展的旅游服务。乘客排队,观众云集,轰动了武汉三镇民众。

20 世纪 80 年代末至 90 年代初,我国台湾因劳务价格急剧上涨和台币升值等原因,导致游艇出口困难。此时不少 FRP 船厂和游艇商决定移师大陆,纷纷来内地建立独资游艇公司,1992 年 5 月来沪投资设厂的上海宝岛游艇有限公司就是其中一个范例。该公司已建立三个 FRP 车间,员工数超过 100 人。它生产的高档豪华游艇全部外销欧美等地市场,颇受客户肯定和赞赏,现已在国际市场中打开 Hampoton 游艇品牌的知名度。

进入 20 世纪 90 年代,我国制造游艇的厂家迅速增加,游艇的设计和建造水平也有了一定的提高。广州高华游艇制造有限公司也是成立较早的游艇公司之一,并且拥有自己的设计能力,在这期间设计生产了多种型号的玻璃钢游艇,从 36 ft(10.97 m)到 50 ft(15.24 m),

图 1 - 14 是当时生产的带飞桥的 36 ft(10.97 m)FRP 小游艇。

图 1 - 14　高华 36 ft(10.97 m)游艇(1994 年)

这一阶段,我国大陆游艇产品总体上质量档次较低,销售对象主要是国内公务管理部门、旅游部门、渔业部门和客运部门等,出口量占很小比例。

这一期间,国内游艇消费受政策的影响只是处在起步阶段,游艇俱乐部还是个新事物,广东东莞在 20 世纪 90 年代初开始出现游艇俱乐部,不过是很简陋的形式,也没有几艘游艇停靠,所以当时大陆生产的游艇基本上都是供出口。

③加速发展阶段(20 世纪 90 年代后期至今)

近十多年来,我国经济持续高速增长,居民收入成倍增加、消费水平大幅度提高,旅游休闲市场逐步升温。与此同时,世界游艇工业同造船业一样出现由西向东转移的趋势。世界游艇及游艇配套设备、材料厂商看好中国游艇市场发展潜力及蕴藏的巨大商机,纷纷来华投资建立独资、中外合资、中外合作、港澳台资游艇生产企业。大量外商独资企业和中外合资企业的建立,国内企业大量引进国外技术和智力,国内有实力的大型企业甚至收购国际著名品牌而高调进入游艇产业,极大地提升了我国游艇工业的生产能力和设计开发水平。这个时期的产品质量明显提高,游艇品种多样化、大型化、高档化,豪华游艇的出口比例增加。与此同时,我国游艇消费市场也逐步升温,私人豪华游艇拥有者数量增加,游艇俱乐部纷纷成立,上海、大连、广州等地连年举办国际游艇展览会,游艇码头建设项目也大量上马。

此期间,我国从北到南出现了一批新颖有实力的游艇制造商。

在北方大连,值得一提的是大连松辽玻璃钢船艇有限公司,前身是中国人民解放军第 7814 工厂的一个分部,后吸收社会法人入股,于 2005 年 6 月 30 日成立股份有限公司。公司的主打产品有 200BR、240CC、255EC、280EC 四个系列的游艇(图 1 - 15)。这些游艇呈现线型流畅,驾乘舒适,已经远销北美和欧洲等国际游艇市场,年销量保持在 200 艘左右。

21 世纪初成立的上海红双喜游艇有限公司是中国较早生产符合国际游艇建造规范的游艇制造企业。2001 年 6 月,该公司成功建造第一艘出口瑞士的 42 ft(12.80 m)豪华游艇,迄今已经向国际市场交付豪华游艇 200 多艘。目前该公司已形成 Alaska 经典系列游艇、Gianetti 运动系列游艇、大型豪华游艇 3 条生产线。该公司生产的游艇技术性能、舒适豪华程度远超过一般游艇,配套设施和内部舾装档次达到国际一流水平,所生产产品均出口欧美、大洋洲市场。除此之外,公司在比赛用艇方面也有所建树;2005 年为英国 Clipper 环球帆船赛建造的 10 艘 68 ft(20.73 m)游艇(图 1-16)成功承担了 4 届比赛的任务，累计行驶里程达到 1.4×10^5 n mile。

200 BR

240 CC

255 EC

280 EC

图 1-15　大连松辽玻璃钢船艇有限公司的产品系列

图 1-16　上海红双喜游艇有限公司生产的 68 ft(20.73 m)帆船(2005 年)

太阳鸟游艇股份有限公司创立于2003年，是目前国内较大的游艇制造企业之一，其在沅江市和珠海市的工程据悉已经保持了每天下水一艘游艇的纪录。太阳鸟除了生产公务商用艇之外，在珠海平沙游艇工业园区的游艇制造基地还生产符合美国市场需求的53 ft (16.15 m)、62 ft(18.90 m)和75 ft(22.86 m)(图1-17)动力艇产品系列。太阳鸟游艇采用美国Brain Holland的设计、美国专家的技术监督和新西兰High Modulus支持，是国内可以熟练掌握树脂灌注和真空导流技术的厂家之一。该公司已于2010年成为我国游艇业界首家上市公司。

图1-17 太阳鸟游艇股份有限公司生产的豪华游艇

2003年中国大陆生产游艇有规模的企业突破了300家。并且仍在不断扩大发展中。从北方的大连，东部的上海，到南方的深圳、珠海、三亚，沿海十几个海滨城市几年之间就冒出了60多家游艇俱乐部。

2008年下半年开始的全球金融风暴给世界经济带来了不可估量的影响，对全球游艇业带来了严重影响。消费的严重下降，迫使全球领先的美国及世界巨头游艇业受到沉重打击。甚至不少企业破产倒闭，关门停产。

中国是发展中国家，也是这次世界性金融危机中唯一继续保持高速增长的国家。随着国力的增长和人民生活水平的提高，继汽车进入家庭消费之后，游艇消费的概念也开始萌生。追求美好生活总是驱动人们不断奋进最强劲的动力，这对经过近30年的稳步发展、技术积累、队伍的形成、市场的起步和发展的中国来说，带来了游艇产业崛起的良好机遇。特别是游艇的高技术、高资金密集、高劳动密集和强烈个性化要求合一的产品对中国来说特别适宜，中国游艇业逐步从纯出口转向国内市场，并通过网络国际游艇人才和技术，凭借其船艇制造业的优势逐渐跨入世界游艇产销的大国。

【思考与练习】

一、名词解释

1. 游艇的定义。
2. 游船的定义。
3. 游艇的商品编码。

二、简答题

1. 游艇与游船的区别是什么？

2. 国外游艇的发展历史介绍。

3. 我国游艇的发展历史介绍。

第2章　游艇性能

【知识要点】

(1)熟练掌握游艇的静力学性能和动力学性能指标;

(2)理解并掌握游艇的完整稳性的定义及其计算方法;

(3)熟悉游艇的快速性、适航性(耐波性)知识;

(4)了解游艇的抗沉性。

本章介绍游艇的主要航行性能知识。游艇作为一种漂浮于水面上的建筑物,这就要求它们具有浮性、稳性和抗沉性,以确保其安全地漂浮于一定位置的水面上。同时,游艇作为一种运输工具,就要求其具有快速性、操纵性和摇荡平稳性。通常将游艇性能划为静力学和动力学两部分。静力学性能是以流体静力学为基础,研究船舶在不同条件下的浮性、稳性及抗沉性等问题,静力学性能是保证船舶安全的基本性能;动力学性能是以流体动力学为基础,研究船舶的阻力、推进、操纵及摇荡等运动问题。本章主要介绍了游艇的完整稳性、快速性、适航性和抗沉性的一般性知识。

2.1　完整稳性

游艇的完整稳性是相对于破舱稳性而言的,即不发生破舱,艇体完整时的稳性。

稳性是指游艇在受到外力(风力、波浪作用力、回转时的离心力等)作用时,艇体产生纵倾和横倾后,抵抗倾斜或恢复倾斜的能力。这个能力越好,艇越不容易在风浪中倾覆,安全就有保障,称为“稳性”好的艇。

稳性有纵向稳性和横向稳性之分,一般地讲,一艘艇如果横稳性能满足要求,那么纵稳性一般都能满足要求。所以这里着重介绍横稳性。

1. 初稳性

初稳性是指船舶做小角度倾斜时(一般不大于10°)的复原能力。小艇尤其是帆船,受到风的作用或人员走动时,就会产生一个倾斜力矩,使艇向一侧倾斜。这时候,艇就产生一个复原力矩,倾角越大,复原力矩也越大,最后达到平衡。当倾斜力矩消失之后,艇就会恢复到原来正浮的位置。

在讨论初稳性时,由于倾侧角度很小,我们假定稳心的高度是不变的,这就把问题简化了。

首先熟悉几个名词:

(1)重心 G

重心是指船舶重力作用的中心,在讨论稳性时,我们关心的是它的垂向高度。一般地说,重心高度低一些对稳性有利。帆船有高高竖立的桅杆,上面有风帆,所以重心高度一般偏高,对稳性不利。所以在大型帆船上,在龙骨中灌以铅,或用铁砣等配重来增加船底的质量,以此方式来降低帆艇的重心高度。

(2)浮心 B

浮心是指浮力作用的中心。当船舶处于平衡位置时,浮力的作用线与船舶重力的作用线处于同一位置。船舶发生倾侧后,重心的位置不变,而浮心的位置却随着排水体积的转移而向倾侧一边移动。

(3)稳心 M

船倾侧后,浮力作用线与船中心线相交的那一点称为稳心。稳心距基线的高度称为稳心高度。在初稳性阶段(即小倾角时)可以认为稳心高度是不变的。但到大倾角时,稳心高度就会发生改变。

(4)倾角 φ

倾角 φ 指船正浮时水线与倾侧后水线的夹角。

(5)初稳性高度$\overline{GM}$

初稳性高度$\overline{GM}$指重心 G 到稳心 M 的距离。这个高度越大,初稳性越好。

①初横稳性

图 2－1 为一艘帆船初横稳性原理图。常规船舶的情况大同小异,只不过帆船的稳性更值得重视,故我们以帆船为例来说明其原理。

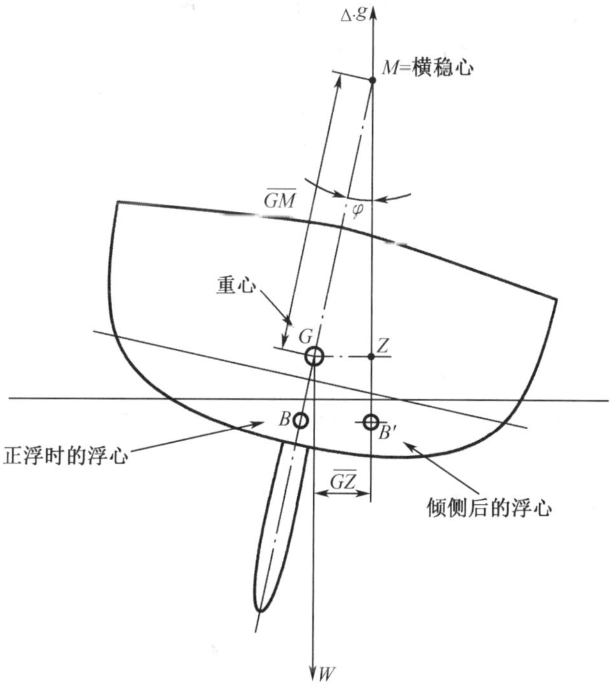

图 2－1　初横稳性原理图

当船舶正浮时，浮力作用线与重力作用线重合。浮心 B、重心 G、稳心 M 三点位于同一垂直线上。当船体倾侧一个小角 φ 后，浮心的位置由原来的 B 处移动到 B' 处，浮力线与重力作用线不再重合，两者之间的距离 $\overline{GZ}$ 称为复原力臂（又称"扶正力臂"）。与船舶重力 W 相等的浮力乘以这个距离就是复原力矩：

$$复原力矩 = \Delta \cdot g \cdot \overline{GZ} \tag{2-1}$$

式中 Δ——艇的排水量，t；

g——重力加速度，m/s^2，$g = 9.81\ m/s^2$；

$\overline{GZ}$——复原力臂，m。

复原力臂可以通过下式计算：

$$\overline{GZ} = \overline{GM} \cdot \sin\varphi \tag{2-2}$$

当引起倾侧的力矩消失（或减小）之后，船在复原力矩的作用下，就会回复到正浮的位置（或与倾侧力矩平衡的位置）。这种复原的能力就称为船的"稳性"。由式（2-2）可知，稳心与重心间的距离 $\overline{GM}$ 越大，复原力臂就越大，稳性就越好。所以船舶设计时，要千方百计地降低艇的重心高度。

船艇设计好后，在建造和使用过程中随意把重的设备从舱内转移到甲板上，会引起重心的提高，导致稳性下降。这一点，游艇安装和使用人员都值得引起重视。船舶稳性下降是很危险的。

②初纵稳性

初纵稳性的原理（图2-2）与初横稳性的原理基本相同。通常艇的长度比宽度大得多，纵稳心 M_L 离开重心 G 的距离 $\overline{GM_L}$ 比横稳心离开重心的距离 $\overline{GM}$ 要大得多，所以产生相同角度的倾斜，其纵向复原力矩也要大得多。故在船上纵稳性一般都不会成为问题，可以不加以校验。

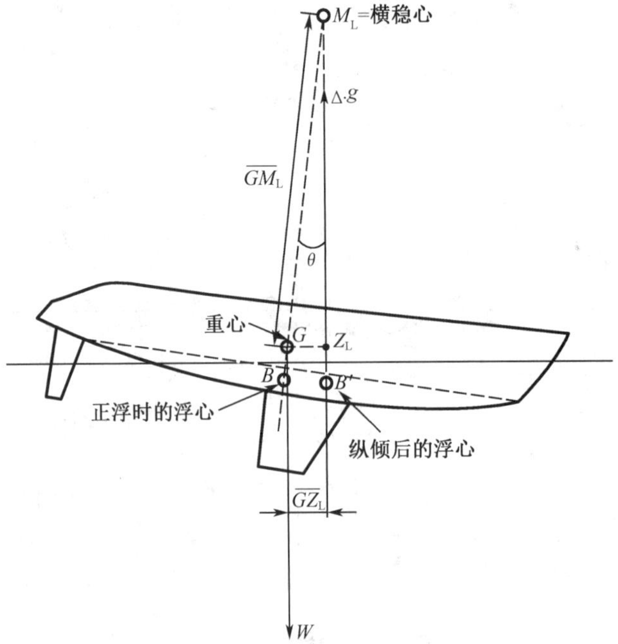

图 2-2 初纵稳性原理图

2. 大倾角稳性

当船的横倾角超过小倾角范围时(图2－3),浮心位置的改变也相应增大,引起稳心高度的改变。这时候的稳性称为大倾角稳性。随着倾角的增加,复原力臂(又称“扶正力臂”)的变化比较复杂,先是增加,到达一定的倾角后就开始减小,甚至出现负值。所以不能用简单的公式来表达,只能通过计算用一条稳性曲线来表达。

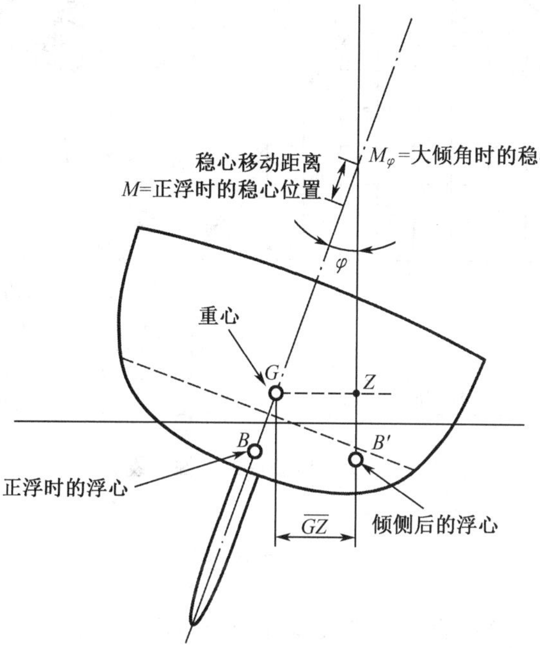

图2－3 大倾角稳性原理图

图2－4就是一艘帆船YD－40通过大倾角稳性计算得到的稳性曲线。它的横坐标是倾斜角 φ;纵坐标是扶正力臂 $\overline{GZ}$。有了扶正力臂之后,复原力矩仍可由式(2－1)来计算。

图中画出了每一位置的艇体倾侧情况以及复原力臂的大小。整个曲线可以划分为两个区段。从0°～129°为扶正区,在这个区段内,艇体有恢复正浮的能力。在小倾角阶段,稳性力臂是呈直线增长的,超过15°后,逐步减缓,呈曲线增长的趋势;当倾角达到59°时有最大的扶正力臂 $\overline{GM}_{max}=0.76$ m,此时曲线达到顶峰,然后逐渐下降,到达129°时,扶正力臂变为零值,此时船体已无恢复正浮的能力,也就丧失了稳性。倾侧角度再增大时,扶正力臂变为负值,也就是说它所产生的力矩会使艇体继续倾覆。这个从129°开始到180°的区段称为“倾覆区”。

对大倾角稳性来说,艇体横剖面形状的影响很大。采用外飘的舷侧形状以及在甲板边缘附近增加凸出物都对大倾角稳性有利。

此外,这是假定艇体处于全封闭(水密)情况下得到的结果。如果甲板上有非水密的开口,如高出甲板一定高度的通气管,当艇体倾侧到某一角度后,水能通过这样的非水密开口进入舱内时,稳性曲线就会出现异常或终止,艇体也将因进水而倾覆。当艇在风浪中航行时,严重的甲板上浪(灌水)也会产生艇倾覆的危险。所以这时候一定要关紧所有的水密门和舷窗。

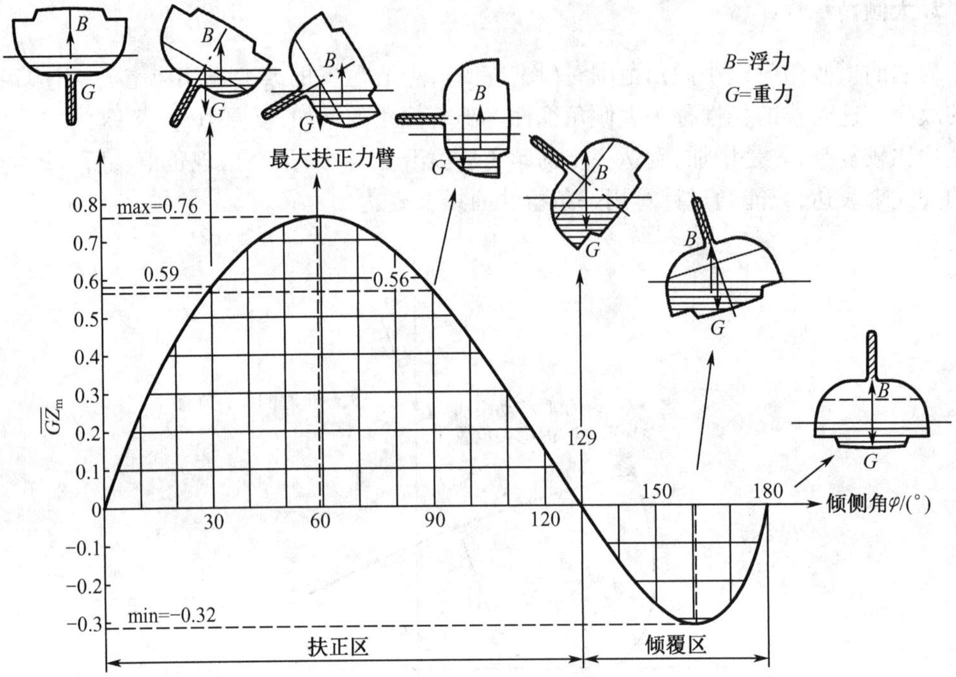

图 2-4　YD-40 帆船的稳性曲线

3. 自由液面的影响

当艇体内装液体(油、水)的容器盛满液体时,容器内不可能存在自由液面。但实际上大部分的液舱或油箱都不会全部装满,尤其是使用一段时间后,液舱内的液面下降,上面就会留出一定的空间,这就为自由液面的产生创造了条件。当艇产生倾侧时,自由液面跟着倾侧,相当于一部分液体从一侧向倾斜方向移动了一段距离,产生了一个附加的倾覆力矩。这也可以看作损失了一部分复原力矩。当液舱中的自由液面很大时,这个复原力矩的损失也是很大的。所以在计算艇的复原力矩时,要扣除液舱中自由液面产生的倾覆力矩的影响。

为了减小自由液面的影响,通常采取多个小油(水)舱柜的办法来减小自由液面,或在大的油(水)舱中设置中隔板把自由液面分隔成两半,以减小液体移动的距离。

4. 稳性衡准

一条艇的稳性究竟够不够,怎样来衡量呢? 这就需要"稳性衡准"。

稳性衡准的第一步就是计算出船只航行中可能产生的倾侧力矩 M_T,然后换算成倾侧力臂 l_T:

$$l_T = \frac{M_T}{\Delta \cdot g} \tag{2-3}$$

第二步就是利用图 2-4 的稳性曲线计算出最小倾覆力臂 l_q。

图 2-4 所示的曲线又称"静稳性曲线",因为这是在静态的理想情况下计算出来的。实际上,船倾侧到某一角度,水灌入船舱,这条曲线就失去意义了。这个角度称为"进水

角”。另外，船在航行时会产生横摇，为了获得横摇的恢复力矩，这个横摇角以前的部分也要予以扣除。这个横摇角在船舶检验部门制定的“规范”中是有规定的。上述静稳性曲线扣除横摇角之后，只有从横摇角到进水角这个区段是可以用来抵抗倾侧力矩的。譬如说，图示的曲线，横摇角为16°，进水角为36°，那么从16°到36°之间曲线下包围的面积就是稳性力臂能够用来抵抗外力矩的能量，经下式换算就能得到这艘艇的最小倾覆力臂 l_q：

$$l_q = \frac{\int_{\varphi_1}^{\varphi_j} l(\phi)\,\mathrm{d}\phi}{\varphi_1 + \varphi_j} \tag{2-4}$$

式中 $l(\phi)$——随倾角而变的静稳性力臂（即图中的 $\overline{GZ}$），m；

ϕ——倾角，(°)；

φ_1——横摇角，(°)；

φ_j——进水角，(°)。

稳性衡准的第三步就是校核稳性衡准数 K。

将最小倾覆力臂除以倾侧力臂，就得到了稳性衡准数 K：

$$K = \frac{l_q}{l_T} \geqslant 1 \tag{2-5}$$

稳性衡准数 K 大于1就满足了稳性校核的要求，说明大倾角稳性满足了规范要求。当这个 K 值越大，说明艇的稳性越好。

在船上，最常见的倾侧力矩自然是风压引起的倾侧力矩 M_f。尤其是在帆船上，最大、最重要的倾侧力矩必定是风压产生的倾侧力矩。所以一般的艇只要求校核风压倾侧力矩。

5. 风压倾侧力矩

图2-5是一艘小型帆船的侧视图。假定风从侧向吹来，与船体前进方向成90°，这时候船体上承受的风压倾侧力矩达到最大值。

艇体上受到风压力的共有三块面积：前帆 S_1、主帆 S_2、艇体水线以上部分的面积 S_3。而阻挡艇体侧漂的水压中心位于水线以下侧面积的形心处，这个面积称为“浸湿面积”，包括舵和稳向板在内。那么风压产生的力矩就是这三块面积上承受的压力分别乘以该面积形心（即风压中心）到水压中心的垂向距离 Z_1, Z_2, Z_3 得到的力矩之和，即：

$$M_f = p(S_1 \cdot Z_1 + S_2 \cdot Z_2 + S_3 \cdot Z_3) \tag{2-6}$$

式中 M_f——风压倾侧力矩，kN·m；

p——计算风压，kPa，根据航区的不同，规范对计算风压的要求也不同；

S——受风面积，m^2；

Z——风压中心到水压中心的垂向距离，m。

计算得到风压倾侧力矩之后，再按下式计算得到风压倾侧力臂：

$$l_f = \frac{M_f}{\Delta \cdot g} \tag{2-7}$$

如果这时候已经计算得到最小的倾覆力臂 l_q，那么就可以按式（2-5）进行稳性校核了。

6. 回转对稳性的影响

艇在急速转弯时，由于离心力的作用，艇会产生向外侧倾斜的现象。这是因为离心力

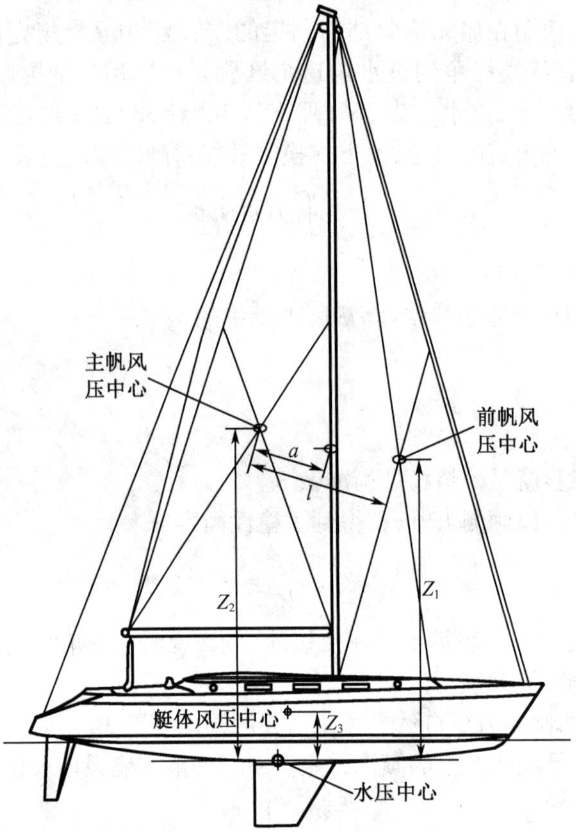

图 2－5　风压倾侧力矩

总是作用在重心上，试图让艇朝回转中心相反的方向飘去。对一般的游艇来说，重心都在水线以上，而阻挡艇侧飘的水压中心位于水线以下侧面积的形心处，接近一半吃水的地方，重心和水压力中心的高度差乘以离心力就得到了艇的外倾力矩。当这个力矩足够大时，艇会产生明显的朝回转中心相反的方向倾斜的现象。如果出现这种现象，轻则会使乘员产生恐慌心理，重则发生倾覆（往往伴随风浪等原因产生）危险，所以要尽可能的加以避免。

回转外倾现象主要产生在圆舭型艇体上，这种艇型多用于中低速艇上，尤其是小艇急速转弯时要注意适当减速。另外，重心过高会加重艇的外倾现象。

如果是一艘 V 形滑行艇（图 2－6），那么它在高速转弯时，艇体就会产生向内倾侧，尽管乘员会感受到离心力的作用，但他们会有一种安全的感觉。这是因为滑行艇体在弯道上航行时，艇体内侧（向心一侧）水流的速度比外侧低，根据水动压力的原理：水流速度高的一侧水动压力也高。高的水动压力把外侧的艇底微微向上抬高，再加上舵力的作用，于是就形成了艇体向回转中心倾斜的现象。因此在高速滑行艇上，回转对稳性的影响是不成问题的。

7. 高速滑行艇的动稳性

前面已经讲述了船艇的静稳性（即船艇不开航时的稳性）和回转稳性。回转稳性属于动稳性。动稳性是指船艇运动时的稳性。对于中、低速船艇来说，除了回转稳性以外，动稳

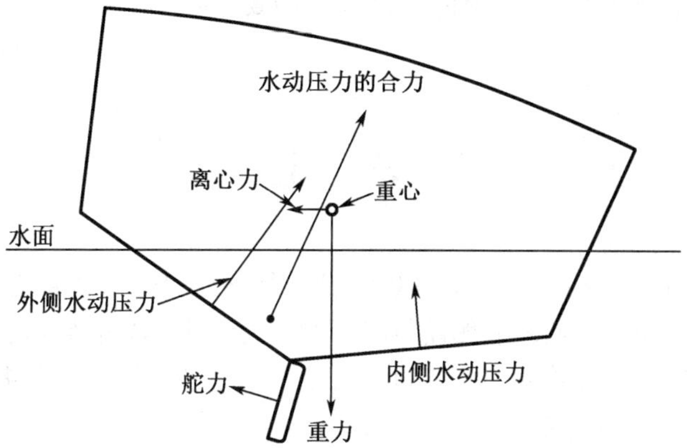

图 2－6 V 形艇体回转时的受力

性和静稳性没有多少区别，所以在中、低速船上，只要静稳性校核能够满足规范要求，动稳性无须考虑。

高速滑行艇大都采用折角形艇体，也就是我们常说的 V 形艇体。这种艇体在低速航行时，它也要满足规范对常规艇体规定的静稳性要求，也要进行初稳性和大倾角稳性的校核。不过，高速滑行艇的艇体其长宽比小于常规的排水型艇体，所以相对来说，长宽比小的艇体对静稳性有利。

滑行艇在高速时的稳性称为“动稳性”。这时候，艇体已经处于滑行状态，艇体的重力极大部分由艇底水动压力产生的动举力支承，艇体被举出水面，只有一小部分重力由浮力支承。当艇体在外力作用下产生如图 2－7 的倾侧时，艇体入水侧的滑行面积增加，其水动压力也增加，并且压力中心向舷侧移动；另一侧部分滑行面出水，导致滑行面积减少，其水动压力也减小，并且压力中心向中间移动；其结果是使水动压力的合力从中间迅速向倾侧方向移动一大段距离，形成一个复原力臂 $\overline{GZ}$。由于水动压力对滑行面积的变化非常敏感，压力中心的移动距离比静水中浮心移动的距离要大得多。所以，一艘滑行艇体如果在静水

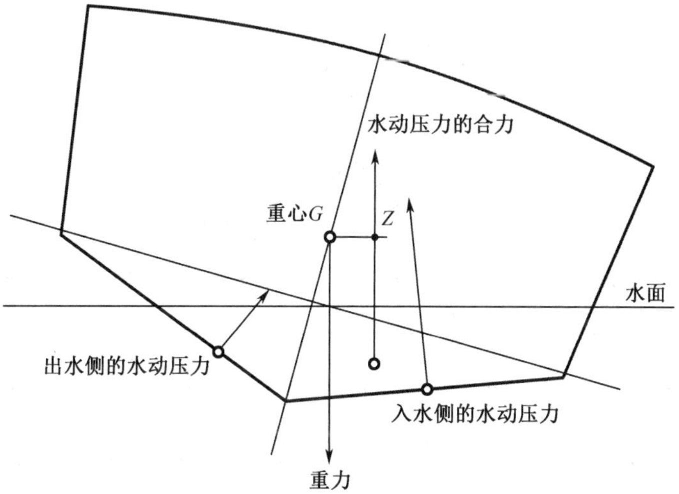

图 2－7 滑行艇的动稳性原理图

中的稳性能满足要求,则高速时的稳性不会成为问题。除非有必要,一般对滑行艇的动稳性可免予校核。

2.2 快 速 性

快速性是船舶在主机额定功率下,以一定速度航行的能力,通常包括船舶阻力和船舶推进两大部分。船舶阻力是研究船舶航行时所遭受的阻力,船舶推进是研究克服阻力的推进器及其与船体之间的相互作用。本节讨论两个影响游艇快速性的重要参数,一个是排水体积长度系数,一个是棱形系数。

1. 排水体积长度系数

对于中低速艇来说,排水体积长度系数 C_∇ 是影响快速性的重要参数之一。它的定义为

$$C_\nabla = \nabla \Big/ \left(\frac{L}{10}\right)^3 \tag{2-8}$$

式中 C_∇——排水体积长度系数;

∇——艇体的排水体积;

L—艇的设计水线长。

艇体的总阻力成分中,除了摩擦阻力成分外,其余的阻力成分称为剩余阻力。剩余阻力与艇体重力之比称为剩余阻力系数,用 C_R 表示,它对艇体的航行阻力具有决定性的影响。图 2-8 是典型的剩余阻力系数 C_R 随傅氏数 Fr 变化的情况。图中还标出了排水体积长度系数 C_∇ 对剩余阻力系数 C_R 的影响。如图 2-8 所示,减小排水体积长度系数可降低中低速段的剩余阻力系数,也就是减少艇的阻力,尤其是 $Fr=0.4\sim0.7$ 的阻力峰区更为明

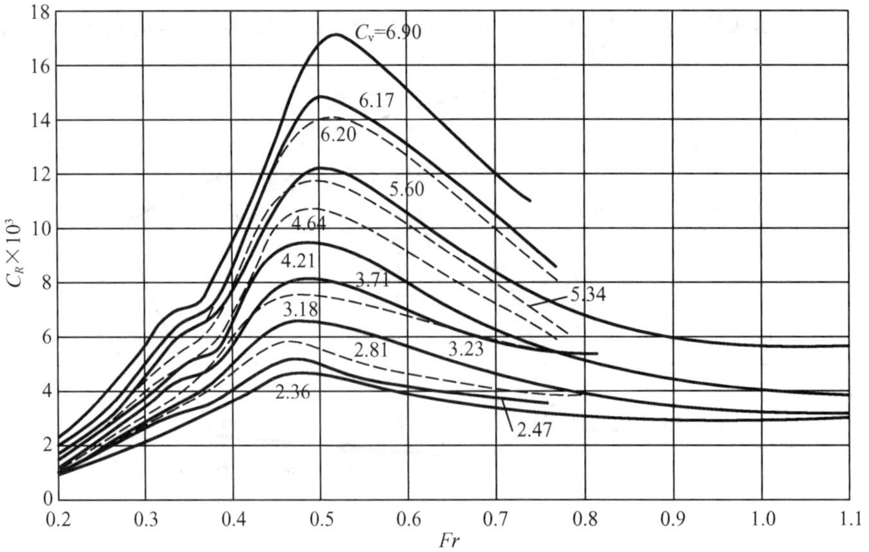

图 2-8 剩余阻力系数 C_R 与傅氏数 Fr 的关系

显。要降低这个系数,首先是尽量减少艇的排水体积,也就是尽量减小艇的质量。采用轻型的设备,采用铝合金或玻璃钢艇体,或者采用铝合金上层建筑都是改善排水量艇快速性的有效措施,但造价将大幅度上升。其次是适当增加艇体长度,由于排水体积长度系数 C_∇ 随艇长的三次方缩减,所以减阻的效果是较好的。但艇长的增加会引起艇重的增加,若保持排水体积不变,增加艇体长度 L 势必要减小艇体宽度,也会带来稳性方面的问题。采用双体船型可以较好地解决降低排水体积长度系数 C_∇ 与改善稳性的矛盾。

2. 棱形系数

棱形系数 C_P 主要对船舶的兴波阻力影响较大。这个系数越大,船体越加丰满,波浪阻力也越大。普通的船体在航行中引起的波浪(学术上叫“兴波”)如图 2-9 所示。一种叫散波,自船首向外逐步散开,并形成斜向的一个个波峰。

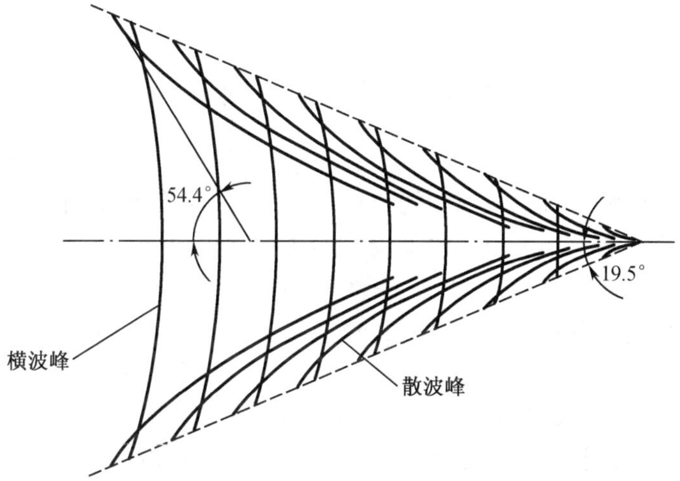

图 2-9 游艇引起的波浪形状

另一种叫横波,它形成一个个垂直于艇行进方向的波峰。对于小艇来说,这两种波浪引起的阻力占据艇剩余阻力的主要成分,因此降低波浪阻力是节省功率的主要途径。

理论研究和船模试验证明,波浪是由艏部的肩和艉部的空穴引起的。如图 2-10 所示,艇首部的肩把水向两侧推开,形成艏散波。当艇前进的时候,艉部会形成空穴,需要水来补充,形成尾浪。所以为了减小波浪,艇的尾部和首部都要尖削才好。棱形系数小的艇,两端比较瘦削,有利于减少兴波阻力。因此,在船舶设计时,应尽可能把棱形系数取得小一些。

在 $Fr=0.35\sim0.40$ 的速度范围内,圆舭艇的 C_P 不宜过大,一般应在 0.56 ~ 0.60 之间。高速段由于兴波剧烈,在整个进流段都会激起波浪,所以排水体积要较均匀地向艏艉分布。Baker 曾建议 C_P 取 0.61 ~ 0.65。根据国内实艇的统计,C_P 与 Fr 有如下的回归公式:

$$C_P = 0.6757 \times Fr^{0.14744} \qquad (2-9)$$

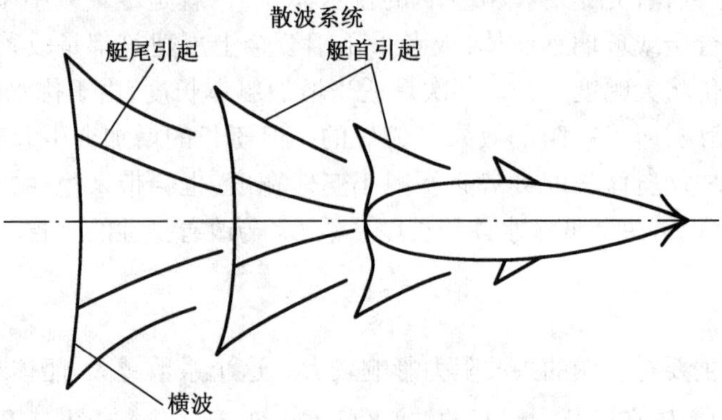

图 2－10　艇首和艇尾引起的波浪

2.3 适 航 性

游艇舒适性的课题，主要是横摇性能和艇在风浪中的颠簸和拍击性能。

用于休闲娱乐的游艇，其舒适性指标更加令人关注。如果一艘小艇在风浪中航行，激烈的摇晃会使乘员感到不适，这种摇晃的程度是与艇的大小和风浪的大小密切相关的，因此对一艘小艇来说，它适用的波高是受限制的。当航区中的波高超过设计标准时是不宜出航的。

适航性是研究船舶在多变的海况中的运动性能。游艇在海上航行时，首先一个问题是会产生摇摆。这种摇摆主要由横摇、纵摇和垂荡运动组成。横摇是指艇左右摇晃，是最常见的运动；纵摇是指艇前后摇晃运动，这种现象主要出现在迎浪航行时；垂荡运动是指艇上下垂直运动，在较大的风浪中航行时，这种感觉会比较明显。这三种运动往往是同时产生的，它们的组合形成一种复杂的耦合运动。

1. 横摇

横摇是船艇运动中最普遍的现象，即左右来回摇摆。

有关摇摆的机理，这里不作详细的讨论，只是讨论一些涉及舒适性的指标。横摇的周期就是一个指标。艇的横摇周期由 2 个因素合成，一个是自摇周期，另一个是波浪引起的强迫横摇周期。

所谓横摇周期是指艇从正浮位置向一侧摇摆到最大倾角的位置，再从最大倾角位置回到正浮位置，并越过正浮位置继续向另一侧摇摆到最大倾角位置，再从另一侧最大倾角位置返回到正浮位置，完成这样一个完整过程所需的时间称为“横摇周期”。其最大倾角称为“摆幅”。

理论和实践都证明，船舶（自）横摇周期的大小与上一节中所述的初横稳性高度$\overline{GM}$值的大小有关。通常$\overline{GM}$值大则横摇周期就小；反之，$\overline{GM}$值小则横摇周期就大。这就使艇的摇摆性能与艇的稳性发生了矛盾。一艘稳性过好的艇，往往引起激烈的摇摆而使人感到不舒服。一般认为,船舶的横摇周期落在10~15 s内是比较舒适的。

小艇航行时,如果遇到的波浪(主要是横浪)运动周期与艇的自摇周期接近,那么就会产生叠加效应,产生更大的摆幅。这种现象称为共振现象,容易发生小艇倾覆的危险,应尽量加以避免。

激烈的摇摆和过大的摇摆角度都会引起驾乘人员的不舒服,所以必须采取适当措施加以避免。最常见的措施是在艇的舭部沿纵长方向设置舭龙骨(图2-11)。舭龙骨增加了艇横摇的阻尼,起到了减摇的作用。

对帆船来说,设在龙骨下面的稳向板(参阅图2-11)就能起到减摇的作用,因此没有必要再设置舭龙骨。

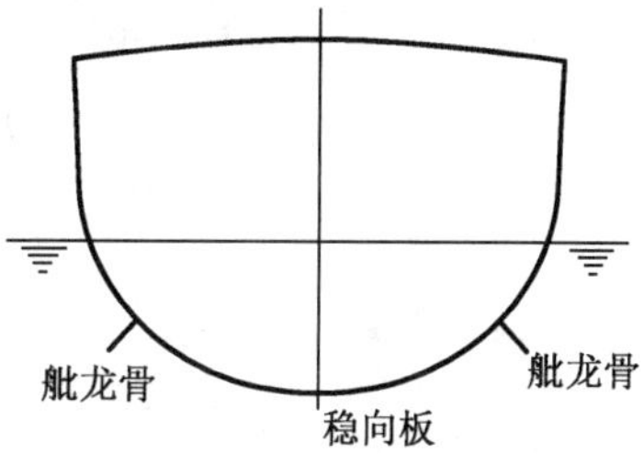

图2-11 减摇舭龙骨

2. 垂荡加速度

在高速艇上,垂荡加速度引起的不适可能比摇摆更严重。这种加速度往往出现于艇从波峰跌落到波谷时,或者艇的首部遭遇波浪拍击时。从乘员的健康出发,挪威船级社建议,旅客运输艇的加速度水平(指艇重心处1/10概率最大值的平均值)不要超过0.6*g*。这里"*g*"是指重力加速度,通常取9.81 m/s^2,但0.6*g*这个指标未包含自由落体的正常加速度水平1*g*在内,若要把正常的落体加速度1*g*包含进去,则垂荡加速度良好的水平应控制在1.6*g*以内。达到这一加速度水平,乘员会感到稍有不舒服,但仍能坚持。一些赛艇的加速度水平很高,对人有生理伤害。这种艇只能短时间乘坐。

表2-1列出了各种艇设计选用的加速度水平、对乘员的影响以及建议的乘坐时间限制。

表2-1 各种艇垂荡加速度的设计水平和对乘员的影响

加速度水平/*g*	人员反映	设计的应用
0.6	稍不舒服	旅客运输艇
1.0	超过4 h作战的极限	
1.5	1~2 h作战的极限	
2.0	无法继续试验	巡逻艇、私人艇
3.0	相当不舒服	试验艇、捕鱼赛艇、长距离赛艇
4.0		中距离赛艇
5.0	对人有生理伤害	短距离赛艇
6.0		战艇作战时

注:加速度水平(指正常值1*g*基础上应增加的值)是指艇重心处1/10概率最大值的平均值。

为了降低垂荡加速度的水平,可以采用深V形艇体。图2-12为一艘深V形艇体的横剖面形状。在海浪中,这种斜坡形的艇底可以减小垂荡加速度和海浪对艇底的拍击。

深V形快艇的艇体由纵向连续变化的不同上反角(又称斜升角)的横剖面组成。其中

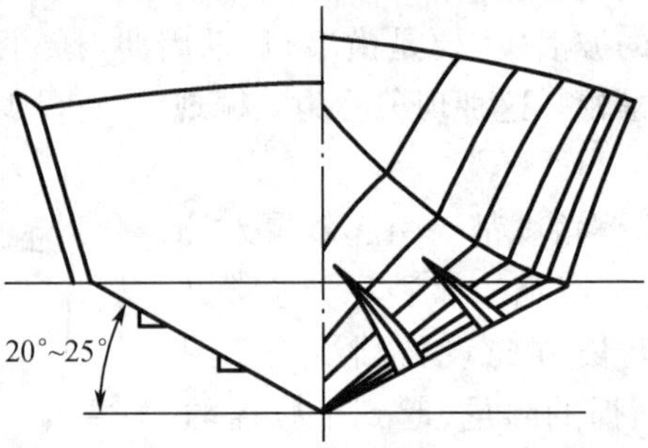

图 2-12 深 V 形艇体横剖面形状

以船中横剖面形状及底部上反角 β 比较典型地反映了艇体横剖面的主要特征(在图 2-12 中的左边表明了这个角度的数值)。斜升角越大,艇在风浪中的适航性越好,但以牺牲快速性为代价。所以要选择一个适当的角度,既照顾快速性,又兼顾适航性。

不同航行水域使用的深 V 形高速艇,其最佳的舯剖面斜升角也不尽相同,建议的选取范围如下:内河水域一般选用 $\beta < 8°$;河湖泊水域 β 可取 9°~14°;沿海遮蔽水域 β 以 15°~19°为佳;外海航行的深 V 形艇 β 宜取 20°~26°。

3. 海豚式运动及其避免

现在来谈谈高速艇的航行姿态。当艇达到一定的速度后,艇就在水面上滑行起来,在学术上叫“起飞”。艇起飞后,艇首被水动力抬离水面,呈上翘的姿态,只剩下艇尾部浸沉在水中。艇底与水面形成一个角度,称为“航行纵倾角”。这个角度太大,会引起阻力增加;太小则水动力(使艇抬离水面的举力)不足,艇不能保持滑行状态,如图 2-13 所示。

图 2-13 高速艇的航行姿态

艇要保持一定的航行纵倾角才能稳定航行。航行纵倾角通常在 2°~4°范围内最佳。如果这个角度不稳定,即一会儿大,一会儿小,那么艇就会产生前仰后俯的不规则运动。

这种不规则运动是由于水压力中心位置不断改变引起的。滑行艇高速行驶时,其水动压力中心随着浸湿长度的减少而迅速后移,理论研究和船模试验表明:当水动压力中心的纵向位置与重心的距离超出了合理的范围,就会产生纵向不稳定运动。它使艇一会儿跃上水面,一会儿又跌落下来。学术上把这种运动形象地称之为“海豚式运动”。这种海豚式运动是要尽量避免的,因为它会使人感到很不舒服。严重的艇底拍击容易产生材料疲劳而致结构失效,导致机械和仪表失灵,甚至艇毁人亡的海损事故。

那么怎样才能避免海豚式运动呢?通常可以采取两种措施:一种是在艇底纵长方向增设断级;另一种是在艇尾增设纵倾调节板。

在一些高速艇上,艇体纵长方向设置一到两个断级,有助于改善艇体滑行面水动力中心迁移的不稳定现象,使艇行驶更加平稳。艇底设置断级后,断级前和艇尾部就形成两个滑行面,艇的质量由断级前后两个滑行面来支撑,航行就很稳定。断级处还可能有空气渗入,形成气水两相混合物,当艇前进时,这种气水混合物有助于减少艇尾部滑行面的摩擦阻力,使艇跑得更快。

不过,断级只适用于在平静水面航行的艇,它在波浪中的航行性能并不理想。由于风浪引起的失速会使它滑行不起来,此时,断级反而会增加阻力,所以这种艇不宜在风浪中使用。

另一种措施是在艇尾部增设调节纵倾的板(又称“压浪板”)。实艇上装有纵倾调节板,如图 2－14 所示。它是两块通过液压机构可以调节倾斜角度的小块平板,通常安装在艇尾船底靠近舷侧的地方,它起到滑行面的作用,好似增加了艇尾的长度。当艇的滑行纵倾角偏大时,通过液压机构使纵倾调节板的后缘向下倾斜,调节板上产生的水压动力促使尾部略微抬起,这就减少了艇的航行纵倾角。当航行纵倾角变小时,适当减小纵倾调节板向下倾斜的角度,这时艇首就会略微抬起。以此方式调节纵倾调节板的角度,使艇始终保持最佳的角度航行,避免了海豚式运动的产生。

图 2－14 装有艉纵倾调节板的小艇

这种调节板左右舷各一块,倘若分别给予自动控制,在艇保持最佳航行纵倾姿态的同时,还可以改善艇的横摇性能。

2.4 抗 沉 性

抗沉性是指艇体破损进水后保持不沉和继续航行的能力,也叫"不沉性"。在运输船上,一般都要求做到一舱(进水)不沉。在一些大型船舶上,则要求做到几舱不沉。欲要抗沉性好,就要求把船舱划分得小一些,并且每个舱都能独立保持水密性。船舱之间的通道都要用水密门分隔开来,即使有一个舱室破损,通过水密门的隔断,就能保持船不沉。

船上有一个舱破损进水后,这个舱的浮力就丧失了。船体的吃水就会增加,干舷就会减少。只要还有干舷,船就不会沉没。可以说船上的干舷就是为了不沉性而设置的。干舷越大,不沉性越好。不过这会导致船重的增加和造价的上升,所以干舷的设置有一个合理的范围,那就是满足抗沉性的要求。

对小型游艇来说,要满足一舱不沉的要求很难。小游艇的船舱一般可划分为艏尖舱(多数作储藏锚链用)、客舱、机舱、艉舱(多数作舵机舱)等舱室。其中客舱的容积最大,所以不沉性的重点是保证客舱进水不沉。

为了保证客舱进水不沉,可以采取下列措施:

(1)设置水密的双层底和边舱。客舱一般位于艇体中部,在这个部位往往设置双层底,双层底下面的空间可以用来做油水舱,形成水密舱室。客舱两舷有一些不便放置家具的空间也可以做成水密舱柜。

(2)家具、座椅下面不能利用的空间充以不透水的泡沫。即使船舱进水,这些泡沫可以减少进水量,保持船艇不沉。

(3)房舱装饰需要大量的木材和夹心板材。尽量采用轻质的木料和不渗水的隔声材料,也能减少进水的质量,对保证不沉性有利。

【思考与练习】

一、问答题

1. 什么是游艇完整稳性?
2. 游艇的初稳性定义是什么?
3. 大倾角稳性定义是什么?
4. 稳性衡准数的意义是什么?
5. 动稳性的定义和衡量指标是什么?
6. 游艇快速性定义是什么?
7. 游艇适航性定义以及衡量指标是什么?
8. 游艇抗沉性定义是什么?

二、计算题

1. 某内河船的排水量 $\Delta = 820$ t,水线面面积对 x 轴的惯性矩 $I_T = 2\ 380\ \mathrm{m}^4$,初稳性高 $\overline{GM} = 1.70$ m,求重心在浮心以上的高度。

2. 某长方形起重船的主要尺度为:船长 $L = 15$ m,船宽 $B = 9.0$ m,型深 $D = 2.0$ m,起重船主体重为 $P_1 = 56$ t,其重心高度为 $\overline{KG_1} = 0.85$ m,船的上层建筑重为 $P_2 = 78$ t,重心高度为

$\overline{KG_2}=7.5$ m，水的质量密度为 $w=1.025$ t/m^3，试计算：

（1）横稳性高$\overline{GM}$；

（2）纵稳性高$\overline{GM_L}$。

3. 某巡洋舰的排水量 $\Delta=10\ 200$ t，船长 $L=200$ m，当尾倾为 1.3 m 时，水线面面积的纵向惯性矩 $I_L=420\times104$ m^4，重心的纵向坐标 $x_G=-4.23$ m，浮心的纵向坐标 $x_B=-4.25$ m，水的质量密度 $w=1.025$ t/m^3。试求纵稳性高$\overline{GM_L}$。

第3章 艇体外载荷

【知识要点】

(1)掌握作用在游艇艇体上的外载荷种类；

(2)理解和掌握作用在艇体上的重力载荷特点，理解重力曲线以及静水浮力曲线，并能根据曲线计算载荷、剪力和弯矩的大小；

(3)掌握游艇静置波浪附加剪力和弯矩的计算方法；

(4)了解游艇艇体波浪运动的运动因子和垂向加速度的含义。

本章以船舶总纵强度计算的有关理论分析和研究游艇的船体载荷。将艇体静置在波浪上，求出总纵弯矩以及相应的总纵弯曲应力，并将它与许用应力进行比较以判定艇体的强度，这是船舶总纵强度计算中的主要方法。

将船舶静置在波浪上，就是假想船舶以波速在波浪传播方向上航行，此时船与波的相对速度为零，可以认为船体是在重力和浮力作用下静平衡于波浪上的一根梁，简称船体梁，由于重力和浮力沿船长分布规律并不一致，故两者在每单位船长上的差额就构成作用在船体梁上的分布载荷；船体梁在这种分布载荷的作用下将发生总纵弯曲变形，并在船体梁断面上产生剪力和弯矩，如图3-1所示。

作用在船体梁断面上的总纵弯矩可用 $M=M_S+M_W$ 来计算，M_S 为船舶静置于静水中的净水弯矩，M_W 为船舶静置于波浪上的波浪附加弯矩。

装载状态对于静水弯矩的影响是主要的。作为计算状态，应该选取最不利的装载情况，同时也要考虑实际情况。一般应考虑典型装载情况：满载出港、满载到港、压载出港、压载到港。

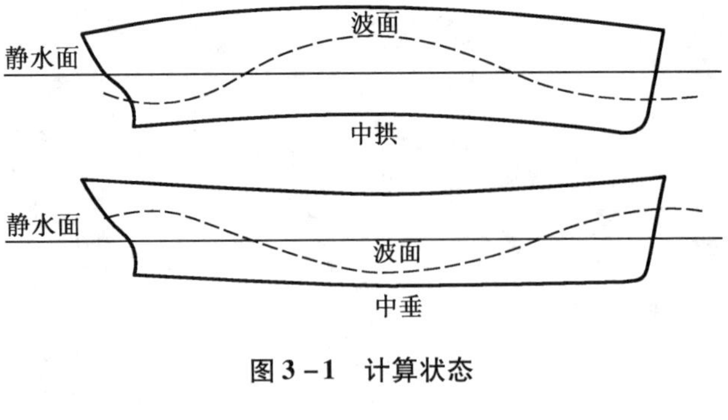

图3-1 计算状态

3.1　重力分布曲线

1. 概述

(1)重力分布曲线

在某一装载状态下,描述全船重力沿船长分布状态的曲线,称为重力分布曲线。其纵坐标表示船体梁单位长度上重力分布值,即作用于单位长度上的重力值。绘制重力分布曲线时,必须要有全船各项重力及其重心的计算明细表,以及确定各项重力纵向分布范围的船体中纵剖面图,即重力、重心资料。

绘制重力分布曲线的方法:将船舶的各项重力按静力等效原则分布在相应的船长范围内,再逐项叠加得到重力分布阶梯图。手工计算时,通常将船舶重力按 20 个理论站距内分布(民船按理论站号从船尾至船首,军船则是从船首至船尾编排)。每个理论站距内的重力可以认为均匀分布,从而做出阶梯形重力分布曲线,并以此来代替真实的重力曲线分布,见图 3-2。按上述方法求得的重力分布曲线,虽然与实际情况仍有差别,但不会对剪力和弯矩的计算带来明显的误差,所以这种绘制重力分布曲线的方法是可行的。

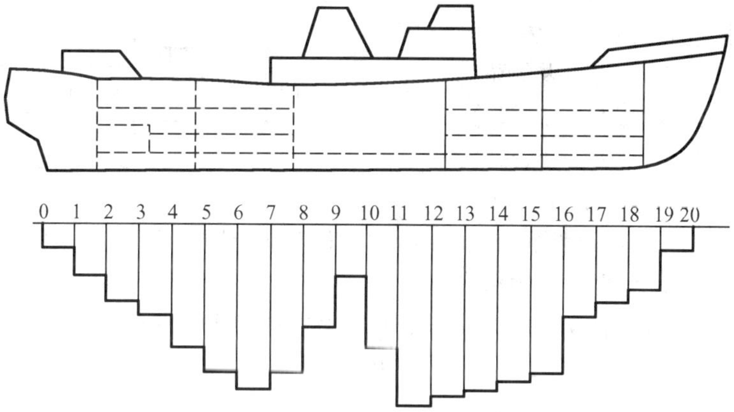

图 3-2　重力分布曲线示意图

(2)重力分类

按变动情况分:

①不变重力——即空船重力,包括船体结构、舾装设备、机电设备等各项固定重力。

②变动重力——即航行装载重力,包括货物、燃油、淡水、粮食、旅客、压载等各项可变重力,需根据具体航行任务而定。

这样划分,便于对各类工况计算,避免不必要的重复,是一种行之有效的计算措施。

按分布情况分:

①中体性重力——即沿船体梁全长分布的重力,通常包括主体结构、油漆、索具等各项整体性重力。

②局部性重力——即沿船长某一区段分布的重力,通常包括货物、燃油、淡水、粮食、机

电设备、舾装设备等各项重力。

在实际重力分布曲线绘制过程中，首先应确定计算状态，也就是确实变动重力，再按总体性重力和局部性重力分别计算各理论站的重力分布，最后合成总的重力分布曲线；并应使重力分布曲线所围的面积等于全船的重力，该面积形心的纵向坐标与船舶重心的纵向坐标相同。

2. 局部性重力分布

(1)局部性重力的分配原则

对各项局部性重力进行处理，并分配到各理论站时，必须遵循静力等效原则，具体分配原则为：

①重力大小应保持不变，即要保证分配到各理论站的总重力等于实际重力；

②重力重心的纵向坐标应保持不变，即必须保证分配到各理论站的各项分布重力合成的整体重心纵坐标与该项重力的重心纵坐标相等；

③分配到各理论站的范围应与该项重力的实际分布范围相同或大致相同。

(2)局部性重力的分配方法

①分布在两个理论站距内的重力。如图 3－3 所示，某项以任意规律分布在两个理论站距内的重力为 P，重心距 i 站的距离为 a。按上述分布原则③，用$(i-1)\sim i$ 及 $i\sim(i+1)$两个理论站距内的阶梯形曲线代替真实重力分布。设两个理论站距内的重力分别为 P_1 和 P_2，根据分配原则①和②可得

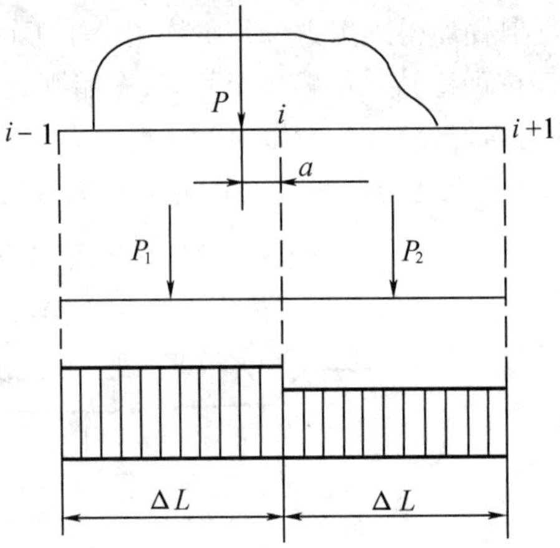

图 3－3 分布在两个理论站距内的重力

$$\begin{cases} P = P_1 + P_2 \\ \frac{1}{2}(P_1 - P_2)\cdot \Delta L = P\cdot a \end{cases} \tag{3-1}$$

由此可得：

$$\begin{cases} P_1 = P\left(0.5 + \frac{a}{\Delta L}\right) \\ P_2 = P\left(0.5 - \frac{a}{\Delta L}\right) \end{cases} \tag{3-2}$$

将P_1和P_2除以理论站距长度 ΔL，即可得到该项重力在这两个理论站距内的分布重力。

②分布在三个理论站距内的重力。根据静力等效原则，此时只能列出两个方程式，所以通常采用如图 3－4 所示的假定分布规律进行计算。步骤如下：

第 1 步，以 $1.5\Delta L$ 代替 ΔL，求出 P_1和 P_2；

第 2 步，将 P_1和 P_2分别向其相邻的两个理论站距内分布；

第 3 步，对中间理论站距叠加来自 P_1和 P_2的相应分配值；

最后，将各理论站距内分配得到的重力分别除以 ΔL，便得到相应理论站距内的分布重力。

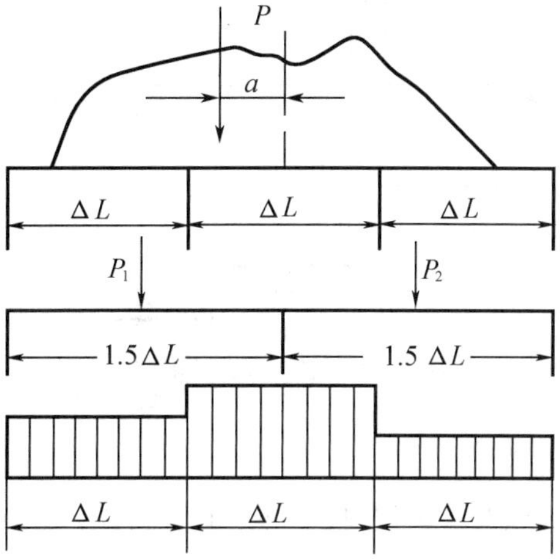

图 3－4 分布在三个理论站距内的重力

(3) 艏、艉理论站外的重力

有些船舶在艏、艉理论站之外有相当长的延伸部分，例如艉突出体或球鼻艏，其重力可能超过空船重力的 1%，且突出部分超过理论站距一半之多。对于这一类重力，应按如图 3－5 所示的方法进行分布。把艏、艉理论站之外的重力移到相邻的两个理论站距内时，根据静力等效原则不改变其重力大小及其对船舯的力矩大小，即不致引起船舯弯矩的变化。根据条件：

$$\begin{cases} P = P_1 - P_2 \\ \dfrac{1}{2}(3P_2 - P_1) \cdot \Delta L = P \cdot a \end{cases} \tag{3-3}$$

由此可得：

$$\begin{cases} P_1 = P\left(\dfrac{3}{2} + \dfrac{a}{\Delta L}\right) \\ P_2 = P\left(\dfrac{1}{2} + \dfrac{a}{\Delta L}\right) \end{cases} \tag{3-4}$$

式中，a 为突出部分重心距端点站的距离，m。

对于在更长范围内分布的重力，均可按上述方法处理，计算时只要将理论站距 ΔL 用分布范围内的等分段长度代替即可，例如在 4 个理论站距内分布的重力，用分段等分长度 $2\Delta L$ 代替理论站距 ΔL。

桅杆、绞车及横舱壁等集中重力，亦应在相应的站距内分布。如果该项重力不超过全船重力 1%，则可认为其均匀分布在相应理论站距内。

3. 总体性重力分布

确定船体结构重力分布是绘制重力曲线的主要内容之一，此项工作常常在详细设计完成之前就需要完成。确定船体结构重力分布只需确定全船总重力和重心纵向坐标。常用方法有梯形法和围长法。

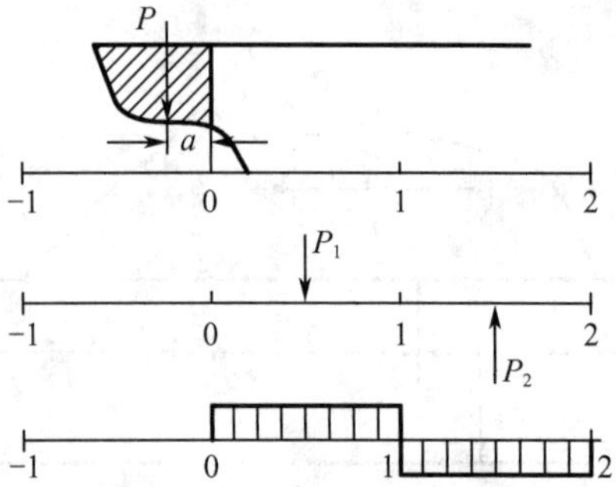

图 3-5　艉理论站外的重力

(1)梯形法

一些船舶往往舯部丰满、两端尖瘦,且舯部具有平行中体,所以可以将船体和舾装重力近似地用图 3-6 所示曲线表示,即平行中体部分用均匀的重力分布,而两端部分用两个梯形分布,三部分的长度均为船长的 1/3。

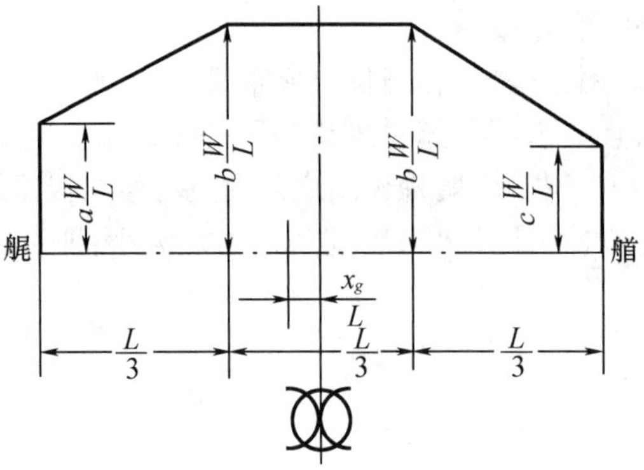

图 3-6　梯形法示意图

根据分布曲线所围的面积等于船体结构及舾装的总重力 W,面积型心的纵坐标与实际重力重心的纵坐标一致的原则,可求得梯形形状参数 a,b,c 之间的关系为

$$\begin{cases} 4b + a + c = 6 \\ a - c = \dfrac{108}{7} \cdot \dfrac{x_g}{L} \end{cases} \tag{3-5}$$

式中　x_g——船体重心距船舯的距离(舯后为正),m;

L——船长,m;

a——艉部形状参数;

b——舯部形状参数;

c——艏部形状参数。

根据统计资料,对瘦形船,$b = 1.195$,则:

$$\begin{cases} a = 0.61 + \frac{54}{7} \cdot \frac{x_g}{L} \\ c = 0.61 - \frac{54}{7} \cdot \frac{x_g}{L} \end{cases} \tag{3-6}$$

对肥形船，$b = 1.174$，则

$$\begin{cases} a = 0.652 + \frac{54}{7} \cdot \frac{x_g}{L} \\ c = 0.652 - \frac{54}{7} \cdot \frac{x_g}{L} \end{cases} \tag{3-7}$$

(2)围长法

假设船体结构单位长度的重力与该横剖面围长(包括甲板)成比例。这种方法适用于船舶主体结构重力的分布。设距艉垂线 x 剖面处船体结构的单位长度的重力为 $\varpi(x)$，则重力分布曲线为

$$\varpi(x) = \frac{w_h \cdot l(x)}{A}\ (\mathrm{kN/m}) \tag{3-8}$$

式中 w_h——船舶主体结构的总重力，kN；

$l(x)$——x 剖面处包括甲板的围长，m；

A——整个主船体的表面积，m^2。

3.2 静水浮力曲线

船舶在某一计算状态下，描述浮力沿船长分布状态的曲线称为静水浮力曲线。浮力曲线的纵坐标表示作用在船体梁上单位长度的浮力值，其与横坐标轴所围的面积等于作用在船体上的浮力，该面积的形心纵向坐标即为浮心的纵向位置。浮力曲线通常可根据邦戎曲线求得，图 3-7 表示计算状态下水线为 W-L 时根据邦戎曲线来绘制浮力曲线。为此，首先应进行静水平衡状态计算，以确定船舶在静水中的艏、艉吃水。

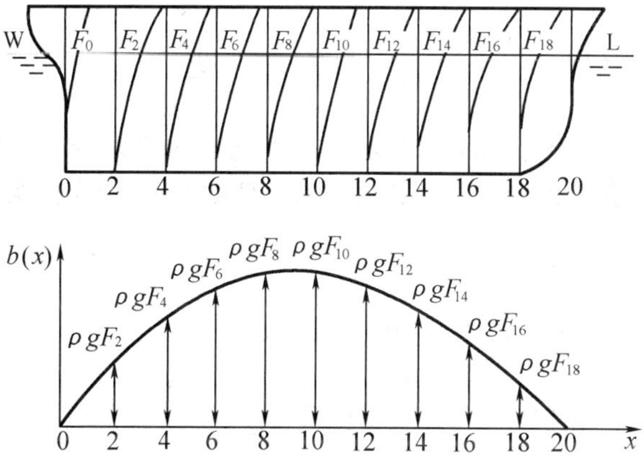

图 3-7　邦戎曲线确定浮力曲线

进行静水平衡浮态计算时，可以应用逐步近似法，且应具有邦戎曲线、静水曲线及船舶的重力、重心等资料。

1. 浮态第1次近似计算

首先根据绘制计算状态的船舶总重力为 W，从静水曲线图上查得如下数据：平均吃水 d_m；浮心距船舯的距离 x_b（舯前为正）；纵稳心半径为 R；水线面面积为 A；漂心距船舯的距离为 x_f（舯前为正）。

若浮心与重心的纵向坐标之差不超过船长的0.05%～0.1%，则可以认为船舶处于平衡状态，否则需进行纵顷调整。

设船舶纵倾角为 φ（艏下沉为正），由于实船的 R 远大于 $\overline{KC}$，故可近似取 $R-\overline{KC}\approx R$，因而有 $\tan\varphi\approx\varphi\approx\dfrac{x_g-x_b}{R}$，如图3－8所示。

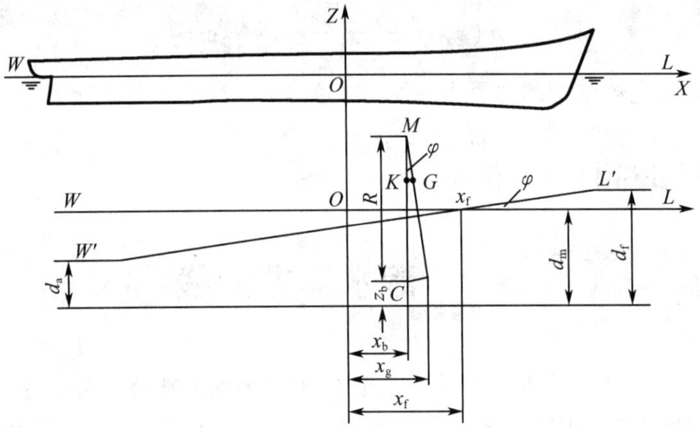

图3－8　静水平衡计算

根据图3－8，利用上述查得的有关参数便可确定船舶纵倾后的第1次近似艏、艉吃水：

$$\begin{cases} d_{f1} = d_m + \left(\dfrac{L}{2} - x_f\right)\dfrac{x_g - x_b}{R} \\ d_{a1} = d_m - \left(\dfrac{L}{2} + x_f\right)\dfrac{x_g - x_b}{R} \end{cases} \tag{3-9}$$

艏、艉吃水确定后，利用邦戎曲线求出对应于吃水的浮力分布，同时计算出总浮力 B_1 及浮心纵向坐标 x_{b1}。若求得的这两个数值不满足精度要求，则应做第2次近似计算。

2. 浮态第2次近似计算

第2次近似计算可按下式确定新的艏、艉吃水：

$$\begin{cases} d_{f2} = d_{f1} + \dfrac{W - B_1}{\rho g A} + \left(\dfrac{L}{2} - x_f\right)\dfrac{x_g - x_{b1}}{R} \\ d_{a2} = d_{a1} + \dfrac{W - B_1}{\rho g A} - \left(\dfrac{L}{2} + x_f\right)\dfrac{x_g - x_{b1}}{R} \end{cases} \tag{3-10}$$

式中　ρ——海水密度，kg/m^3；

g——重力加速度，m/s^2；

A——水线面面积，m^2。

式(3－10)的意义在于对第1次近似计算得到的船舶浮态作进一步的修正，式右边第2项表示为消除浮力与重力的不等，船舶将上浮或下沉的值；式右边第3项，表示由于浮心和重心的纵向位置不一致，船舶将产生纵顷。利用式(3－10)可进行第3次或更高次近似计算，直到满足下述要求，即：

$$\begin{cases} \left|\dfrac{W-B_i}{W}\right| \leqslant (0.1 \sim 0.5)\% \\ \left|\dfrac{x_g - x_{b_i}}{L}\right| \leqslant (0.05 \sim 0.1)\% \end{cases} \tag{3-11}$$

式中 B_i——最后一次近似计算的总浮力值，kN；

x_{b_i}——最后一次近似计算的浮心纵坐标，m。

3. 浮力曲线计算

在手工计算时，静水平衡计算可在邦戎曲线上利用内插法进行，当静水平衡计算完成后，浮力曲线即可绘制。此时，作用于$(i,i+1)$理论站距内的浮力：

$$B_{i,i+1} = \rho g(F_i + F_{i+1})\frac{\Delta L}{2} \tag{3-12}$$

式中 F_i, F_{i+1}——最后一次确定的第i理论站及第$(i+1)$理论站的浸水面积，m^2；

ΔL——理论站间距，m。

3.3 载荷、剪力及弯矩曲线

1. 载荷曲线

在给定计算状态下，描述引起船体梁总纵弯曲的载荷沿船长分布状况的曲线称为载荷曲线。其值等于重力曲线与浮力曲线之差，用$q(x)$表示，即

$$q(x) = \varpi(x) - b(x) \tag{3-13}$$

当$\varpi(x) > b(x)$时，$q(x)$为正值，画在纵向坐标轴的上方；反之为负，画在纵向坐标轴的下方。图3－9表示采用表格计算后得到的阶梯形载荷曲线。

从力学角度出发，静置在静水或波浪上的船体梁是平衡的，所以船舶的载荷曲线与纵向坐标轴线之间所围的面积之和的代数值为零，该面积对纵轴上任一点的静力矩亦为零，即

$$\begin{cases} \int_0^l q(x)\,dx = \int_0^l \varpi(x)\,dx - \int_0^l b(x)\,dx = W - B = 0 \\ \int_0^l xq(x)\,dx = \int_0^l x\varpi(x)\,dx - \int_0^l xb(x)\,dx = W_{x_g} - B_{x_b} = 0 \end{cases} \tag{3-14}$$

在进行剪力和弯矩计算前，应对载荷曲线的这些性质进行检验，以判断船舶是否已处于所要求的平衡位置，或是出现了计算错误，以免造成不必要的计算返工。

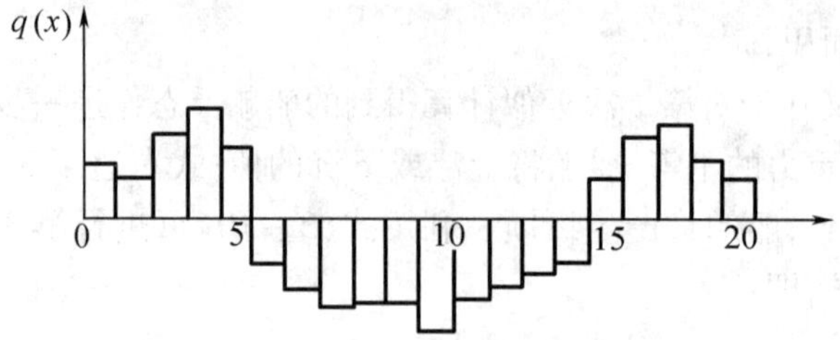

图 3-9 阶梯形载荷曲线

2. 静水剪力曲线与静水弯矩曲线

船体梁在静水中所受到的剪力和弯矩沿船长分布的曲线分别称为静水剪力曲线和静水弯矩曲线。作用在船体梁任意剖面上的静水剪力和弯矩用式(3-15)计算：

$$\begin{cases} N_s(x) = \int_0^x q(x)\mathrm{d}x \\ M_s(x) = \int_0^x N_s(x)\mathrm{d}x = \int_0^x\int_0^x q(x)\mathrm{d}x\mathrm{d}x \end{cases} \tag{3-15}$$

可见,静水载荷曲线的一次积分是静水剪力曲线,二次积分是静水弯矩曲线。

船体梁在静水中处于平衡状态,船体两端完全自由,因此艏、艉端点处的剪力和弯矩应为零,即剪力和弯矩曲线在端点处是封闭的。在大多数情况下,由于载荷在舯前和舯后大致相等,所以剪力曲线具有反对称规律,零点靠近船舯,而离艏、艉端约 1/4 船长处具有最大正值或负值。同时,由于两端的剪力为零,即弯矩曲线在两端的斜率为零,所以弯矩曲线在两端与横坐标轴相切。

由于计算过程中存在误差的积累,船体梁端点处剪力和弯矩为零的条件实际上很难达到。一般计算的精度要求是：

$$\begin{cases} \left|\dfrac{N_s(L)}{N_{smax}}\right| \leqslant 0.025 \\ \left|\dfrac{M_s(L)}{M_{smax}}\right| \leqslant 0.05 \end{cases} \tag{3-16}$$

式中 N_{smax}——最大(绝对值)静水剪力,kN;

M_{smax}——最大(绝对值)静水弯矩,kN·m。

计算时,端点的不封闭值只需用图 3-10 所示的一根直线把剪力曲线和弯矩曲线封闭起来,并对各理论站的剪力、弯矩按线性比例关系进行修正。

比如,第 i 站剪力的修正值为

$$\Delta N_s(i) = -\frac{i}{20}N_s \tag{3-17}$$

弯矩的修正值为

$$\Delta M_s(i) = -\frac{i}{20}M_s \tag{3-18}$$

若上述条件式(3-16)不能满足,则表示在计算过程中产生了较大误差,即浮力与重力相差过大或浮心与重心纵向坐标相差过大,必须进行复查或重新计算。

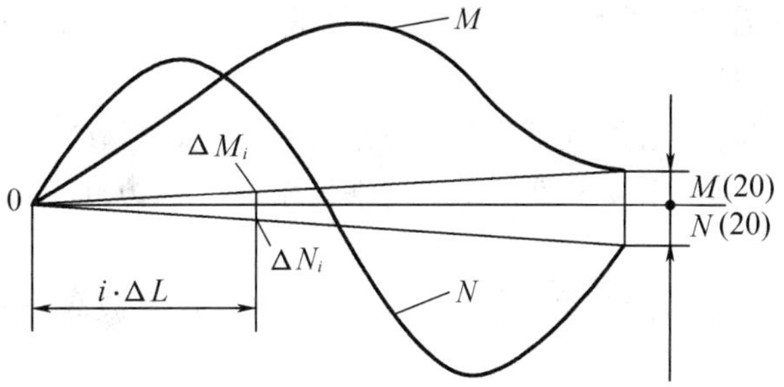

图 3-10 剪力及弯矩不封闭值的线性修正法

3.4 静置波浪附加剪力和弯矩

船艇由静水进入波浪时，重力曲线 $\varpi(x)$ 并未改变，但水线面发生了变化，从而导致浮力重新分布。波浪状态的浮力相对静水状态的浮力增量将引起静置波浪附加剪力和弯矩。波浪附加剪力和弯矩与船型、波浪要素以及计算状态（船舶与波浪的相对应位置）有关。

1. 概述

（1）波浪要素及计算状态

波浪要素包括波形、波长与波高。目前应用最广泛的是坦谷波理论，根据这一理论，二维波的剖面是坦谷波曲线形状。图 3-11 所示的波面是从二维波中截取的一段，粗黑线为波浪剖面形状；两相邻波峰或波谷之间的水平距离为波长，记为 λ；波高是由波谷底到波峰顶的垂直距离，记为 h。坦谷波曲线形状的特点是：波峰陡峭，波谷平坦，波浪轴线上下的剖面积不相等。

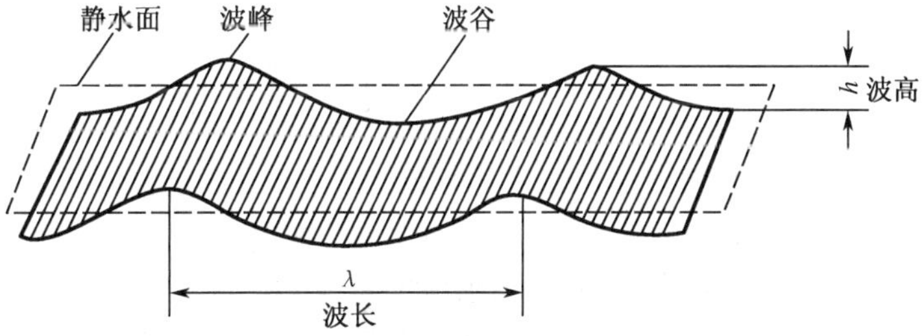

图 3-11 坦谷波波形

当船舶置在波浪上的位置发生变化时，船体剖面上的弯矩也发生变化。当波峰或波谷在船舯时，浮力相对于静水线的改变最为明显，因此在船舯剖面会产生最大的波浪弯曲。波长多少时才使弯矩为最大呢？计算分析表明，当船舶静置在波浪上时，在波长稍大于船长时会得到最大的波浪弯矩，但此时的弯矩与波长等于船长时的弯矩相差不大。所以，在实际计算时，取计算波长等于船长，并且规定按波峰在船舯和波谷在船舯两种典型形态进行计算,见图 3 - 11。若船舶所航行的区域没有等于船长的波浪,计算波长也总是取等于船长,因为船舶可能斜对着波浪航行。波长(λ)和波高(h)间没有固定的关系。计算波高按有关规范或强度标准选取。

上述波浪要素及计算形态形成了传统的标准计算方法,现归纳如下:

①将船舶置于波浪上,即假想船舶以波速在波浪的传播方向上航行,船舶与波浪处于相对静止状态;

②以二维坦谷波作为标准波型,计算波长等于船长,计算波高按有关规范或强度标准选取;

③以波峰位于船舯、波谷位于船舯两种状态分别进行计算。

(2)坦谷波的特点

依滚圆盘方法绘制得到坦谷波的波面方程为

$$\begin{cases} x = \dfrac{\lambda}{2\pi}\theta + r\sin\theta \\ y = -\cos\theta \end{cases} \tag{3-19}$$

式中 θ——圆盘滚动时的转角,取值范围为$(0,2\pi)$;

y——波面距波浪轴线的垂向坐标,m;

x——与 y 相对应的波轴方向坐标,m;

r——半波高,m。

2. 波浪附加剪力及弯矩

静置波浪附加剪力和弯矩由式(3 - 20)计算:

$$\begin{cases} N_{\mathrm{w}}(x) = -\int_0^x \Delta b(x)\,\mathrm{d}x \\ M_{\mathrm{w}}(x) = \int_0^x N_{\mathrm{w}}(x)\,\mathrm{d}x = -\int_0^x\int_0^x \Delta b(x)\,\mathrm{d}x\mathrm{d}x \end{cases} \tag{3-20}$$

式中,$\Delta b(x)$为船舶在波浪中的浮力曲线相对于静水面的变化量,kN/m。

$\Delta b(x)$,如图 3 - 12 所示,应按式(3 - 21)计算:

$$\begin{cases} \Delta b(x) = b_{\mathrm{w}}(x) - b_{\mathrm{s}}(x) = \rho g \Delta F(x) \\ \Delta F(x) = F_{\mathrm{w}}(x) - F_{\mathrm{s}}(x) \end{cases} \tag{3-21}$$

式中 $b_{\mathrm{w}}(x)$——船舶在波浪中的浮力曲线,kN/m;

$b_{\mathrm{s}}(x)$——船舶在静水中的浮力曲线,kN/m;

$F_{\mathrm{s}}(x)$——船舶在静水中各理论站横剖面的浸水面积,m^2;

$F_{\mathrm{w}}(x)$——船舶在波浪上各理论站横剖面的浸水面积,m^2。

船舶由静水进入波浪,其浮态会发生变化。若以静水线作为坦谷波的轴线,当船舯位于波谷时,由于坦谷波在波轴线以上的剖面积比在波轴线的剖面积小,同时船体中部又较两端丰满,所以船在此位置时的浮力要比在静水中小,因而不能处于平衡,船舶将下沉 ξ 值;而当船舯在波峰时,一般船舶要上浮 ξ。由于船体艏、艉线型不对称,船舶还将发生纵倾变化。

由此可见,为求波浪附加剪力和弯矩,首先确定船舶在波浪上的平衡位置。假定船舶静置在波浪上,艉垂线处较静水时下沉 ξ_0 值(下沉为正),纵倾角变化为 ψ 值(艏下沉为

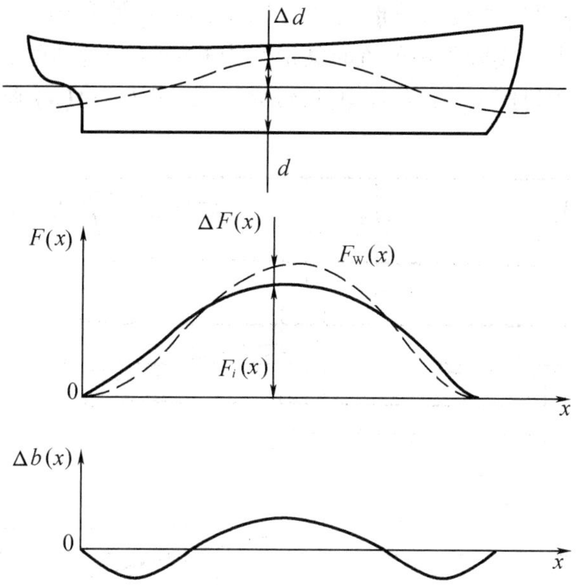

图3-12 波浪浮力分布曲线

正),则在距艉垂线 x 处剖面下沉或上浮的距离为

$$\xi = \xi_0 + x\psi \tag{3-22}$$

因此,求船舶在波浪上的平衡位置,实际上可归结为求波浪轴线的位置 ξ_0 和 ψ,如图3-13所示。

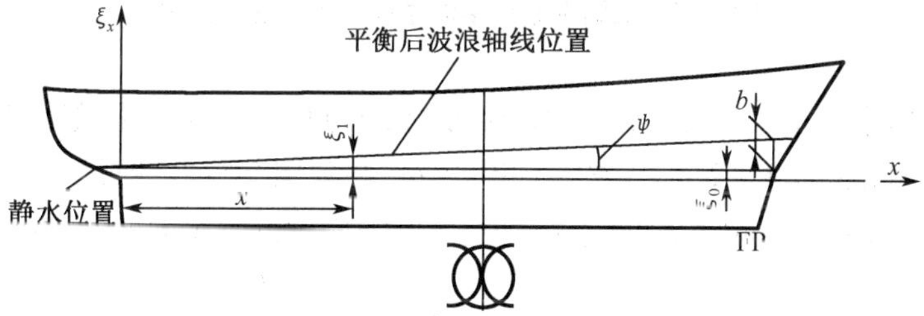

图3-13 船舶在波浪上平衡位置的描述

为求船舶静置在波浪上的平衡位置,仍然要利用静力平衡条件,即重力等于浮力,重心与浮心的纵向位置在同一铅垂线上。所以,船舶在波浪中的浮力变化量 $\Delta b(x)$ 必须满足:

$$\begin{cases} \int_0^L \Delta b(x)\,\mathrm{d}x = 0 \\ \int_0^L x\Delta b(x)\,\mathrm{d}x = 0 \end{cases} \tag{3-23}$$

确定船舶在波浪上平衡位置一般采用直接法,该方法是由麦卡尔(Muckle)提出的,故亦称麦卡尔法,即利用邦戎曲线来调整船舶在波浪上的平衡位置。因此,计算时要求船舶在水线附近为直壁式,同时无横倾发生。大量的实践经验表明,麦卡尔法适用于大型运输船舶的计算。其步骤如下:

使坦谷波轴线与静水线重合，得到波峰在船舯或波谷在船舯的波形线 $A-A$，如图 3－14(a) 所示。在各理论站线与波形线 $A-A$ 的交点 A_i 处利用邦戎曲线量取浸水面积 F_{A_i}，如图 3－14(b)所示。实际平衡位置时波形线为 $C-C$(与各站的交点为 C_i)，中垂时 C_i 在 $A-A$ 波形线之上，中拱时 C_i 在 $A-A$ 波形线之下，如图 3－14(a)所示。

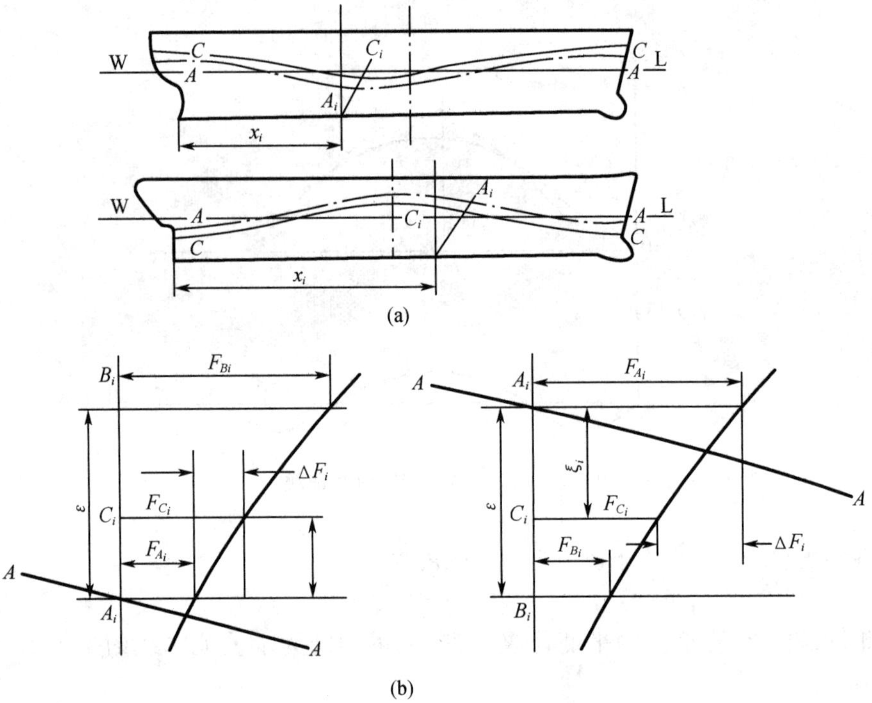

图 3－14　船舶在波浪中波轴线位置的确定方法

因此，在各理论站 A_i 点之上(对于中垂情况)或 A_i 点之下(对于中拱情况)，以相同的比例量取 ε 值(一般取 $\varepsilon=1\sim2$ m 的数值)，得点 B_i，并利用邦戎曲线量取 B_i 处的浸水面积 F_{B_i}。于是利用水线附近舷侧为直壁式的假设，实际波面下的浸水面积 F_{C_i}为

$$F_{C_i}=F_{A_i}+\Delta F_i=F_{A_i}+\frac{F_{B_i}-F_{A_i}}{\varepsilon}\xi_i \tag{3-24}$$

将式(3－22)代入式(3－24)得

$$F_{C_i}=F_{A_i}+\Delta F_i=F_{A_i}+\frac{F_{B_i}-F_{A_i}}{\varepsilon}(\xi_0+x_i\psi) \tag{3-25}$$

利用平衡条件，即排水量和浮心位置与静水中相等的条件：

$$\begin{cases}\int_0^L F_C(x)\mathrm{d}x=V\\ \int_0^L F_C(x)\cdot x\mathrm{d}x=V\cdot x_b\end{cases} \tag{3-26}$$

式中　V——船舶在静水中的排水体积，m^3；

x_b——船舶在静水中的浮心至艉垂线的距离，m。

可得：

$$\begin{cases}\int_0^L F_A(x)\,\mathrm{d}x + \int_0^L \dfrac{F_B(x) - F_A(x)}{\varepsilon}\cdot(\xi_0 + \psi x)\,\mathrm{d}x = V\\ \int_0^L F_A(x)\cdot\dfrac{x}{L}\mathrm{d}x + \int_0^L \dfrac{F_B(x) - F_A(x)}{\varepsilon}\cdot\dfrac{x}{L}\cdot(\xi_0 + \psi x)\,\mathrm{d}x = V\cdot\dfrac{x_b}{L}\end{cases} \tag{3-27}$$

从方程组(3-27)可解出未知数 ξ_0 和 ψ 值，于是就得到了船舶静置在波浪上的实际平衡位置。

3. 波浪载荷的规范计算

(1)波浪附加弯矩

《钢质海船入级建造规范》中给出了船体梁各横剖面的中拱波浪弯矩 $M_w(+)$ 与中垂波浪弯矩 $M_w(-)$ 的计算公式：

$$\begin{cases}M_w(+) = +190MCL^2BC_b \times 10^{-3}\\ M_w(-) = -110MCL^2B(C_b + 0.7) \times 10^{-3}\end{cases} \tag{3-28}$$

式中 M——弯矩系数，见图3-15；

L——计算船长，m；

B——船宽，m；

C_b——方形系数，计算取值不应小于0.6；

C——系数，按式(3-29)各式计算：

$$C = \begin{cases}0.042\,12L + 4 & L < 90\ \mathrm{m}\\ 10.75 - \sqrt{\left(\dfrac{300 - L}{100}\right)^3} & 90\ \mathrm{m} \leqslant L \leqslant 300\ \mathrm{m}\\ 10.75 & 300\ \mathrm{m} < L < 350\ \mathrm{m}\\ 10.75 - \sqrt{\left(\dfrac{L - 350}{150}\right)^3} & 350\ \mathrm{m} \leqslant L \leqslant 500\ \mathrm{m}\end{cases} \tag{3-29}$$

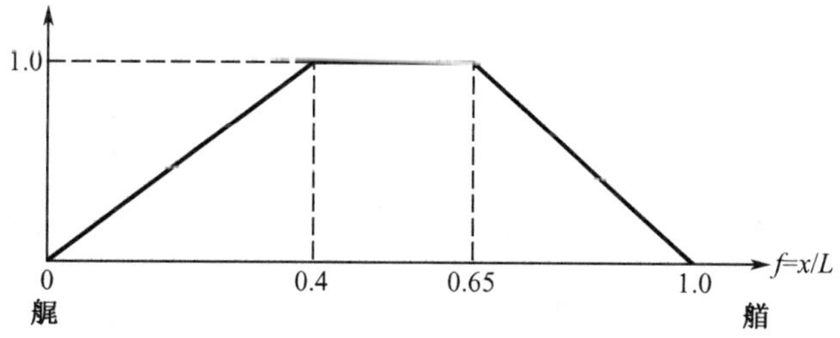

图3-15 弯矩分布系数

(2)波浪附加剪力

《钢质海船入级建造规范》中给出了船体梁各横剖面的中拱波浪剪力 $N_w(+)$ 与中垂波浪剪力 $N_w(-)$ 的计算公式：

$$\begin{cases}N_w(+) = +30F_1CLB(C_b + 0.7) \times 10^{-2}\\ N_w(-) = -30F_2CLB(C_b + 0.7) \times 10^{-2}\end{cases} \tag{3-30}$$

式中 F_1, F_2——分别为中垂、中拱剪力分布系数，见图3-16；

L——计算船长，m；

B——船宽，m；

C_b——方形系数，计算取值不应小于0.6；

C——系数，按式(3-29)。

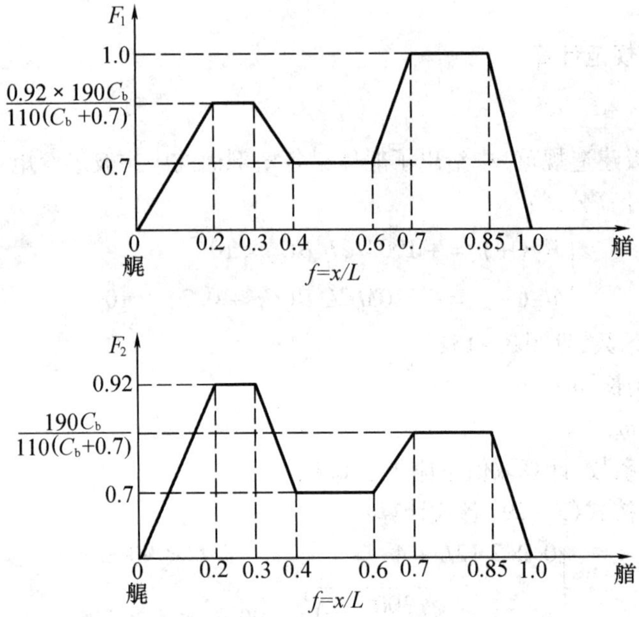

图3-16 剪力分布系数

3.5 合成弯矩与合成剪力

1. 许用静水弯矩

对于船艇在各种装载工况下，沿船体梁各横剖面处的设计静水弯矩应满足下述条件：

$$\begin{cases} M_s(+) \leqslant \overline{M_s}(+) \\ |M_s(-)| \leqslant \overline{M_s}(-) \end{cases} \tag{3-31}$$

式中 M_s——计算工况下的静水弯矩，kN·m；

$\overline{M_s}$——许用静水弯矩，kN·m。

许用静水弯矩的计算公式：

$$\begin{cases} \overline{M_s}(+) = \overline{M} - M_w(+) \\ \overline{M_s}(-) = -\overline{M} - M_w(-) \end{cases} \tag{3-32}$$

式中，$\overline{M}$ 为许用合成弯矩，kN·m。

许用合成弯矩的计算公式,取较小者:

$$\begin{cases}\overline{M} = F_d W_d[\sigma] \times 10^{-3} \\ \overline{M} = F_b W_b[\sigma] \times 10^{-3}\end{cases} \tag{3-33}$$

式中 W_d——甲板处的剖面模数,cm^3;

W_b——龙骨处的剖面模数,cm^3;

$[\sigma]$——许用弯曲应力,$[\sigma]=175/K_L$,N/mm^2;

K_L——材料系数。

局部构件尺寸的折减系数 F_d 和 F_b 应符合下列规定:

(1)当甲板处和龙骨处的最大总纵弯曲应力小于许用弯曲应力时,可取适宜的折减系数 F_d 和 F_b,以减小局部构件的尺寸,但应符合下列条件:

$$\begin{cases}F_d \geqslant \dfrac{\sigma_d}{[\sigma]} \\ F_b \geqslant \dfrac{\sigma_b}{[\sigma]}\end{cases} \tag{3-34}$$

式中 σ_d——甲板处的总纵弯曲应力,N/mm^2;

σ_b——龙骨处的总纵弯曲应力,N/mm^2;

$[\sigma]$——许用弯曲应力,N/mm^2。

对于外板和甲板,折减系数 F_d 和 F_b 应不小于 0.7;对于骨材,折减系数 F_d 和 F_b 应不小于 0.8。

(2)对于船长小于 65 m 的船舶,折减系数 F_d 和 F_b 均取为 1。

2. 许用静水剪力

对于船艇在各种装载工况下,沿船体梁各横剖面处的设计静水剪力应满足下述条件:

$$\begin{cases}N_s(+) \leqslant \overline{N_s}(+) \\ |N_s(-)| \leqslant \overline{N_s}(-)\end{cases} \tag{3-35}$$

式中 N_s——计算工况下的设计静水剪力,kN;

$\overline{N_s}$——许用静水剪力,kN。

许用静水剪力的计算公式:

$$\begin{cases}\overline{N_s}(+) = \overline{N} - N_w(+) \\ \overline{N_s}(-) = -\overline{N} - N_w(-)\end{cases} \tag{3-36}$$

式中,$\overline{N}$ 为许用合成剪力,kN。

许用合成剪力的计算公式:

$$\begin{cases}\overline{N}(+) = [\tau]\dfrac{I\delta}{s} \times 10^{-2} \\ \overline{N}(-) = -[\tau]\dfrac{I\delta}{s} \times 10^{-2}\end{cases} \tag{3-37}$$

式中 $[\tau]$——许用剪切应力,$[\tau]=110/K_L$,N/mm^2,其中 K_L 为材料系数;

I——计算横剖面对水平中和轴的惯性矩,cm^4;

δ——计算横剖面处水平中和轴以上有效纵向构件对水平中和轴的静矩。

δ 取 δ_1 和 δ_2 的较小者,δ_1 和 δ_2 按式(3-38)计算:

$$\begin{cases} \delta_1 = \dfrac{t_1}{f_1 + m_1} \\ \delta_2 = \dfrac{t_2}{f_2 + m_2} \end{cases} \tag{3-38}$$

式中 t_1——计算剖面上水平中和轴处舷侧外板的厚度(双壳船为内外壳板厚度之和),mm;

t_2——计算剖面上水平中和轴处纵舱壁板的厚度。

f_1,f_2,m_1 和 m_2 为系数,具体含义见表 3-1。

表 3-1 系数 f_1,f_2,m_1 和 m_2

序号	船体横剖面类型	系数 f_1,f_2	系数 m_1,m_2
1	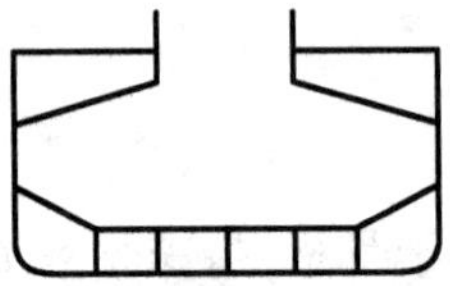	$f_1 = 0.5$	$m_1 = 0$
2	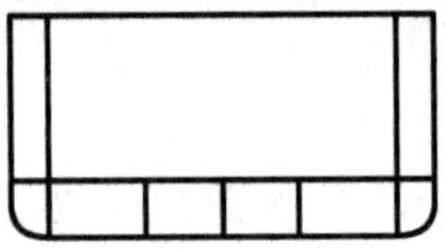	$f_1 = 0.5$	$m_2 = 0$
3	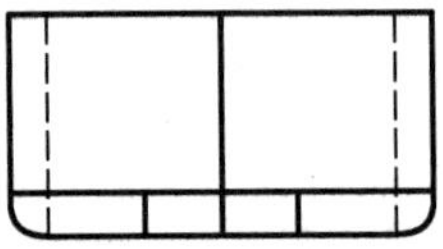	$f_2 = 0.261 + 0.058A_1/A_2$ $f_2 = 0.478 - 0.116A_1/A_2$	$m_1 = 0.5m_2$ $m_2 = 0.5(0.1 + \gamma)$
4	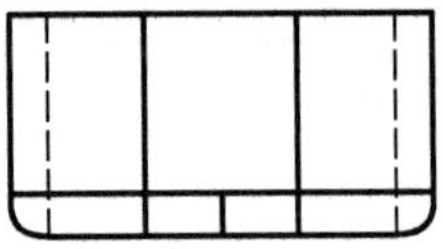	$f_1 = 0.154 - 0.08A_1/A_2$ $f_2 = 0.346 - 0.08A_1/A_2$	$m_1 = m_2 m_2 = (0.1 + \gamma)\dfrac{b}{B}$

表中:A_1,A_2——分别为舷侧外板和纵舱壁板的受剪切面积,cm^2;

b——纵舱壁板距舷侧的水平距离,m;

B——船宽,m;

γ——0.15(横向非均匀装载),$\gamma = 0$(横向均匀装载)。

3.6　船艇动载荷

前面主要研究了船艇作为船体梁的总纵强度的计算，下面将根据游艇的特点，按照 CCS 船级社有关游艇的规范要求，给出船艇在波浪航行时的动载荷计算公式。

1. 垂向相对运动因子

船艇在波浪中航行时，其坐标为 x 的横剖面的垂向相对运动因子 H_{rm} 可以按下式计算：

$$H_{rm} = \frac{1 + C_m\left(\frac{x}{L} - x_m\right)^2}{1 + C_m\left(\frac{1}{2} - x_m\right)^2} \cdot C_w \tag{3-39}$$

式中　$C_w = 0.077\ 1L(C_B + 0.2) \times 0.3e^{-0.004\ 4L}$；

$C_m = \frac{2.25}{C_B + 0.2}$；

$x_m = 0.45 - 0.6Fr$，但不小于 0.2；

$F_r = \frac{0.515V_H}{\sqrt{gL}}$，其中 V_H 为游艇在设计有义波高 H_S 的波浪中航行时的航速，kn，可取 $V_H = \frac{2}{3}V$。

2. 垂向加速度

游艇在设计有义波高 H_S 的波浪中，以航速 V_H 航行时，游艇重心处的垂向加速度 a_{cg} 可按下式计算：

$$a_{cg} = \frac{1}{226}\left(\frac{V_H}{\sqrt{L}}\right)^2\left(\frac{H_S}{B_{WL}} + 0.084\right)(50 - \beta)\ \frac{LB_{WL}^2}{\Delta} \tag{3-40}$$

式中　V_H——游艇在设计有义波高 H_S 的波浪中航行时的航速，kn，可取 $V_H = \frac{2}{3}V$；

H_S——设计单位或船东在该游艇设计类别对应的有义波高范围内，选定其设计有义波高值，m，该值不应小于该游艇设计类别对应的最小有义波高值 H_{Smin} 见表 3－2。该设计有义波高值应作为该艇的航行限制，在其船级证书中写明；

表 3－2　设计系数 β

设计类别	H_{Smin}/m
Ⅰ	6.0
Ⅱ	4.0
Ⅲ	2.0
Ⅳ	1.0
Ⅴ	0.5

β——艇体重心处横剖面的船底升角，(°)，取 $\beta_{max}=30°$，$\beta_{min}=10°$；β 的取值见图 3－17。图中(a)，(b)，(c)为尖舭船，(d)，(e)为圆舭船。

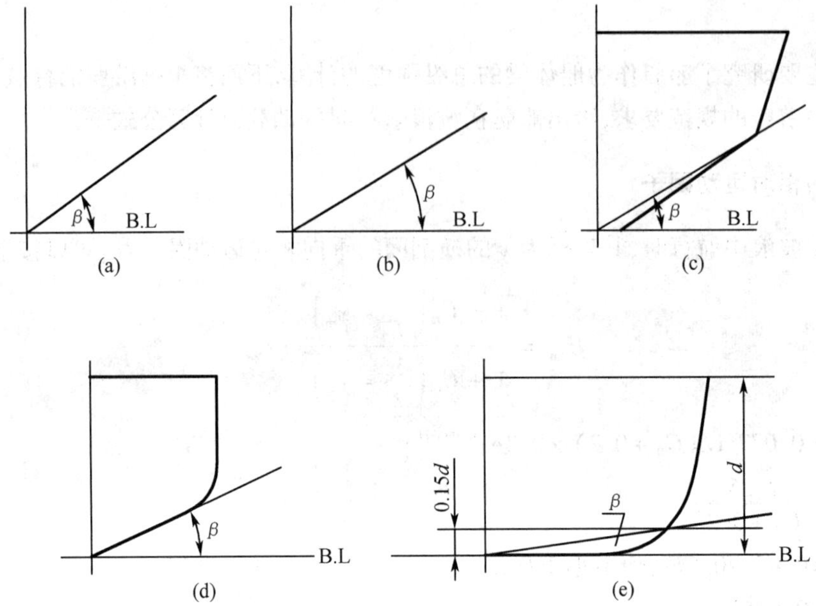

图 3－17　β 的取值示意图

对于游艇在坐标为 X 的横剖面处的垂向加速度 a_x 可按下式计算：

$$a_x=\left[0.72-0.32\frac{x}{L}+1.76\left(\frac{x}{L}\right)^2\right]\cdot a_{cg} \tag{3-41}$$

式中，a_{cg} 为游艇重心处的垂向加速度，m/s^2，见式(3－40)。

【思考与练习】

一、简答题

1. 简述游艇重力分布曲线。
2. 简述游艇重力的分类方式。
3. 简述局部性重力曲线的绘制方法。
4. 简述总体性重力曲线的绘制方法。
5. 简述静水浮力曲线、静水载荷曲线以及静水弯矩曲线。
6. 简述波浪载荷的计算方法。

二、计算题

1. 空船在重力曲线可用抛物线和矩形之和表示，即把空船重力的一半作为均匀分布，另一半作为二次抛物线分布，如图 3－18 所示，试求证距船中 x 处单位长度的重力为

$$\omega(x)=\frac{w}{2i}\left\{0.5+0.75\left[1-\left(\frac{x}{l}\right)\right]^2\right\}$$

式中　W——空船重力，kN；

I——船长的一半，m。

2. 某长方形货驳长 10 m，均匀装载正浮于静水中。若认为货驳自身质量沿船长均匀分

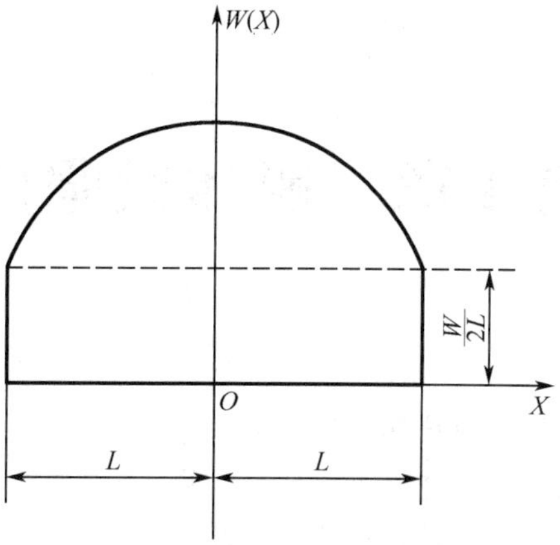

图 3-18

布,此时在货驳中央加 10 t 集中装载荷。试画出其载荷、剪力和弯矩曲线,并求出最大剪力和最大弯矩。

3. 长方形货驳,长 30 m、宽 5 m、深 3 m,空载时吃水 1.5 m(淡水)。当中部 12 m 范围内承受均布载荷时,吃水增加到 2 m。假定船体质量沿船长均匀分布。试作出该载荷条件下的浮力曲线、载荷曲线、静水剪力和弯矩曲线,并求出最大剪力与最大弯矩值。

4. 某箱形船,长 80 m、宽 15 m ,在淡水中正浮时吃水为 4 m。假定船体质量沿船长均匀分布。将一个 150 t 的载荷加在船中后 50 m 处的一点上,试画出其载荷、剪力和弯矩曲线,并计算此时船中的变矩值。

5. 水线面形状如图 3-19 所示的一直壁式船,静置于 $y=\frac{h}{2}\cos\frac{2\pi z}{L}$ 的余弦波上,试计算波谷在船中时的最大静波浪弯矩。若将船静置于波高 $h=0.5$ m 的余弦波上,试求最大静波浪弯矩。

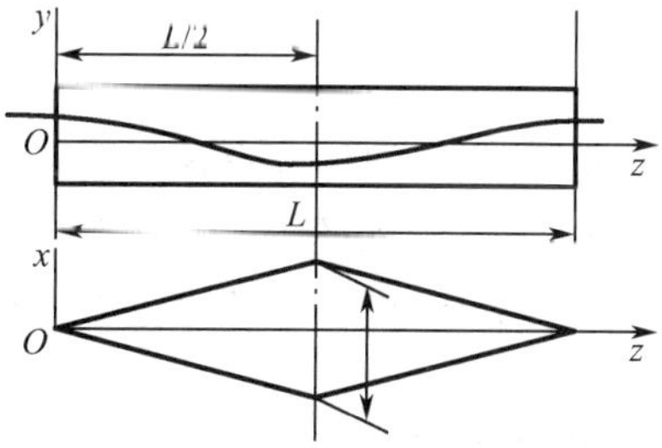

图 3-19

第 4 章　船体梁强度

【知识要点】

(1) 了解游艇艇体总纵强度的计算原理和方法；

(2) 掌握游艇船体梁设计时的许用应力计算方法；

(3) 熟练掌握游艇船体梁设计载荷含义和计算方法；

(4) 熟练掌握游艇船体梁结构设计方法。

游艇同普通船舶一样，在水面航行时，承受来自自身的分布式重力作用和外载荷的作用。在进行游艇的结构和强度设计时，首先需要考虑在这些载荷作用下的船体强度问题。本章将据船舶强度设计的一般知识，来研究作为船体梁的艇体总体强度的载荷、许用应力、强度计算和校核等问题。

4.1　船体总纵强度

本节研究作为一般船舶的艇体总纵强度的相关理论以及船体梁的弯曲应力的近似计算。

1. 概述

(1) 船体结构受力过程

船体结构是由许多部件组成的，这些部件各自承担着一定的作用，其中一些是直接承受外力的构件，另一些则承受别的构件传来的力。现以两种典型结构形式的船底板架为例，进行船体结构的受力和传力过程分析，图 4 - 1(a) 是典型的横骨架式，图 4 - 1(b) 是典型的纵骨架式。

为了讨论方便，假定在船底板架上只作用着水压力。直接承受水压力的构件是外底板，外底板将水压力传给骨架(纵骨、肋板以及船底纵桁等)，然后再传到板架的支承周界(横舱壁及舷侧)上去，传力过程如图 4 - 2 所示。同样，甲板上的荷重也传给舱壁及舷侧。横舱壁在这些力以及与舷侧相交处的剪力作用下取得平衡。在舷侧上作用着的这些力以及与舱壁相交处的剪力构成舷侧板架所受的不平衡力，这个力以剪力的形式传给相邻的舷侧板架，它就是总纵弯曲时作用在船体剖面中的剪力。

(2) 等值梁假设

根据材料力学中梁的弯曲理论，可对实心梁的强度进行校核，而船体是一空心薄壁梁，那么能否用实心梁弯曲理论对其进行强度校核呢?

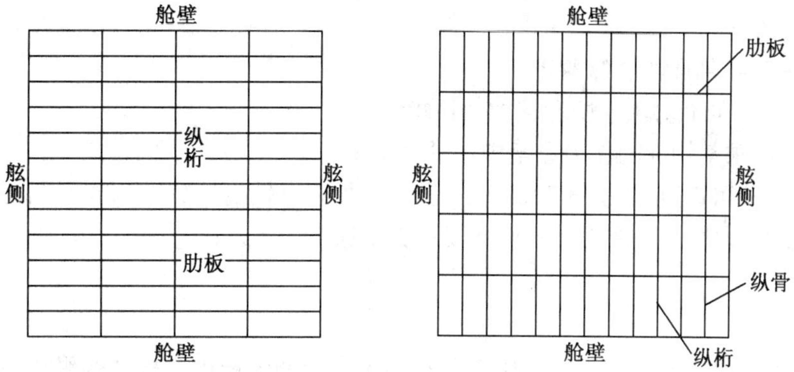

图 4-1　典型的船底板架

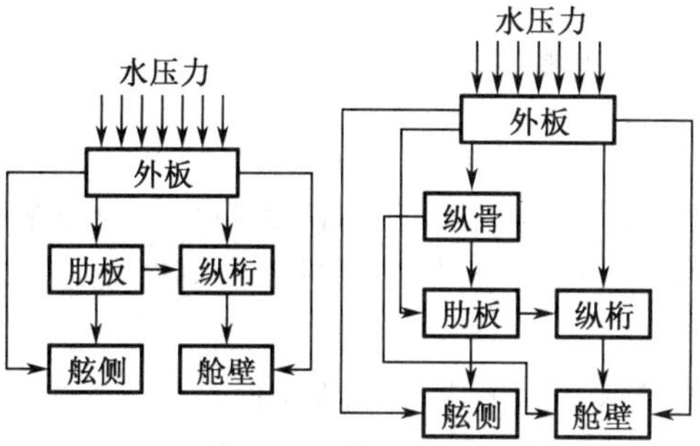

图 4-2　船底板架的传力过程

实验表明，在一定条件（剖面内没有构件丧失稳性）下，用实心梁弯曲理论对船体梁进行强度计算所得的结果与实际测量结果基本相符。因此，为了应用梁的弯曲应力公式来计算船体总纵弯曲应力，就必须对空心薄壁的船体梁作一个假设——等值梁假设。

所谓等值梁，是指在抵抗总纵弯曲方面与船体具有相同抵抗能力的一种梁，也就是与船体等效的一种梁。等值梁的剖面可以把船体剖面中所有参与抵抗总纵弯曲的构件，在保持其高度和面积不变的条件下，假想地平移至船舶中纵剖面附近，并对称地构成一梁的剖面，如图 4-3 所示。

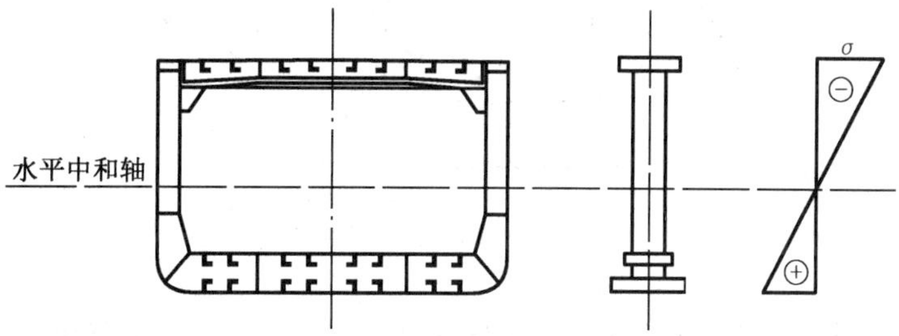

图 4-3　等值梁剖面示意图

于是船体总纵弯曲应力就可以按照梁的弯曲理论来计算，即：

$$\sigma = \frac{M}{I}Z \quad (4-1)$$

式中 M——计算剖面的总纵弯矩；

I——计算剖面对水平中和轴的惯性矩；

Z——所求某构件的应力点至中和轴的距离。

由式(4-1)可以看出，船体剖面上的总纵弯曲应力呈线性分布，离中和轴最远处——上甲板处弯曲应力最大。因此在船体强度计算中通常用下式：

$$\sigma = \frac{M}{W} \quad (4-2)$$

式中，$W = \frac{1}{Z}$称为船体剖面模数，其中，Z 是截面上离中和轴最远处构件的纵坐标值，W 是船体结构抵抗弯曲变形能力的特征几何量，也是衡量船体强度的一个重要标志。显然，弯矩值一定时，最小剖面模数越大，则最大应力越小。

2. 船体总纵弯曲应力近似计算

(1)构件计入等值梁的条件

计算船体剖面模数时，首先要确定哪些构件能够有效地参加抵抗总纵弯曲变形，亦即哪些构件可以计入等值梁计算剖面。根据相关理论和规范规定，得出如下一些计入等值梁的条件和规定：

①船中部 0.4～0.5 船长区域内的纵向连续元件。如上甲板、外板、内底板、纵桁、纵骨以及符合上述要求的其他构件，计算剖面模数时均应计入，以后我们称这些构件为纵向强力构件。

②中部区域只占部分船长的非连续构件(称为中间构件)，例如上层建筑甲板和侧壁等，它们参加抵抗总纵弯曲的程度取决于它们本身的构造和长度。据上层建筑强度理论分析，上层建筑的扣减区域，一般规定，凡长度超过船长的 15%，且不小于本身高度六倍的上层建筑以及同时受到不少于三个横舱壁，可认为其中部是完全有效地参加抵抗总纵弯曲。可是这些构件的端部，由于抵抗总纵弯曲的程度较小，必须进行适当的折减，如图 4-4 扣除斜线部分的构件剖面积。

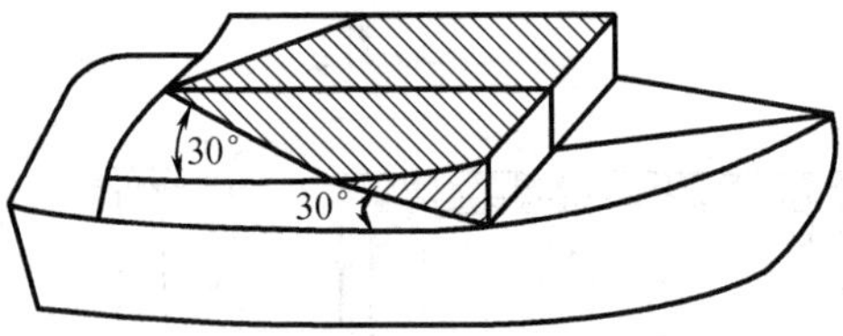

图 4-4 甲板室端部折减

③强度计算中规定，凡甲板开口宽度超过甲板宽度的 20% 者均应扣除其宽度，不能计入等值梁剖面。至于纵向连续构件上的个别开口，如人孔、舷窗等，计算剖面模数时不必扣除，如图 4-5 所示。

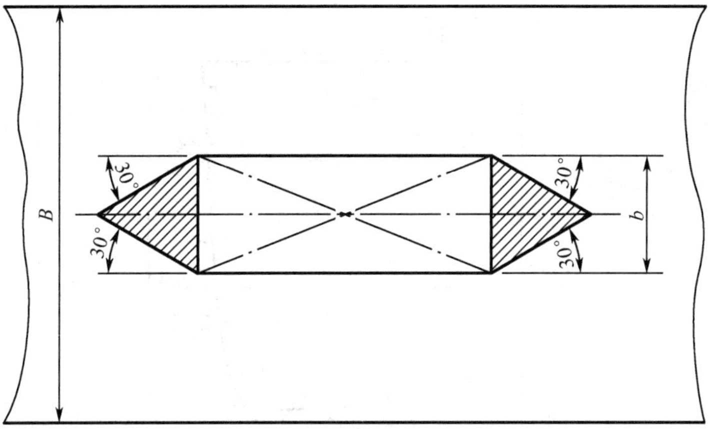

图 4-5 开口端部折减

(2)总纵弯曲应力的第一次近似计算

当确定了船体剖面中计入等值梁剖面的各构件的位置、尺寸后,便可计算等值梁剖面几何要素——剖面积、剖面对中和轴的惯性矩以及剖面模数,剖面几何要素的计算,通常用表 4-1 进行。

表 4-1 船体剖面几何要素计算表

1	2	3	4	5	6	7	8
构件编号	构件名称	构件尺寸 /mm	构件剖面积 A_i /cm^2	构件距参考轴距离 Z_i /m	静力矩 $A_i \cdot Z_i$ /(cm^2·m)	对参考轴惯性矩 $A_i \cdot Z_i^2$ /(cm^2·m^2)	自身惯性矩 i_0 /(cm^2·m^2)
1 2 3 ⋮							
$\sum$			A_1		B_1	C_1	

由于船体结构左右对称,因此计算剖面惯性矩时,只需考虑一半剖面。

参照图 4-6,取参考轴在船舶基线以上 0.45~0.5 型深处,且 Z 轴向上为正,分别求出各组构件的剖面积 A_i,距参考轴的距离 Z_i,静力矩 A_iZ_i 和惯性矩 A_iZ_2i,对于高度较大的垂向构件,如船侧外板等,还要计算其自身惯性矩 i_0。令:

$$A_1 = \sum A_i,\ B_i = \sum A_iZ_i,\ C_i = \sum A_iZ_i^2 + i_0$$

由此,剖面中和轴距参考轴的距离为

$$e_1 = \frac{B_1}{A_1} = \frac{\sum A_iZ_i}{\sum A_i} \tag{4-3}$$

利用惯性矩的平行轴公式及叠加原理,便可求得整个船体剖面对水平中和轴的惯性

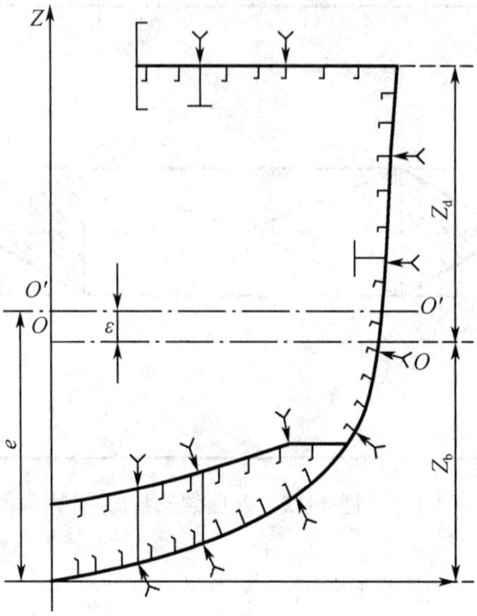

图 4-6　船体半横剖面图示例

矩为

$$I = 2(C - e^2A) = 2\left(C - \frac{B^2}{A}\right) \tag{4-4}$$

任意构件至中和轴的距离为

$$Z_i = Z_i' - e$$

剖面中任意一构件的总纵弯曲应力为

$$\sigma_i = \frac{M}{I}Z_i \cdot 10^2 \tag{4-5}$$

式中,M 为校核剖面所在舱段内总纵弯矩的最大值,总拱时为正,中垂时为负。按公式(4-4)和公式(4-5)求得的应力 σ_i 称为总纵弯曲应力第一次近似计算值。

通常,甲板的剖面模数比船底的剖面模数小,所以有时也称甲板剖面模数为船体剖面的最小剖面模数。我国《钢制海船建造规范》中规定以该模数作为对船体结构总强度的要求。

(3)船体总纵弯曲应力的逐次近似计算

①船体构件的稳定性检验

船体构件在总纵弯曲压应力作用下可能丧失其稳定性。所以应该确定船体外板、甲板板、内底板和作为龙骨、纵桁及其他纵向构件腹板、翼板的所有板、纵向骨材,以及整个板架的临界应力 σ_{cr}。

②船体板折减系数的计算

当船体总纵弯曲时,纵向骨架梁在计算载荷下是不允许丧失稳定性的,因此在船体构件中,只有板是可能丧失稳定性的。第一次近似计算求出总纵弯曲应力之后,若求得压应力大于相应构件的临界应力时,需采用折减系数 ψ 把这部分失稳的构件剖面积化为假想的不失稳的刚性构件剖面积。

③总纵弯曲应力的逐次近似计算

计算折减系数之后，进行总纵弯曲应力第二次近似计算，结果与第一次近似计算相差不大于5%，则可用第二次近似计算值进行总纵强度校核。若不满足，必须进行第三次近似计算。若计算结果仍不能满足要求，则说明结构设计不合理，应考虑新的设计方案，如设法提高柔性构件的稳定性等。

(4)某些纵向构件的局部弯曲应力及应力合成

由于构件相互连接，其作用是很复杂的。以纵骨架式船底板为例，外板本身承受水压力将产生弯曲应力，然后将水压力传给纵骨，再由纵骨传给肋板。纵骨在传递水压力过程中将发生弯曲变形，与纵骨连接的外板部分又将随纵骨弯曲而产生弯曲应力。依此类推，外板中的弯曲应力将包含有板的弯曲应力、纵骨弯曲应力、板架弯曲应力以及总纵弯曲应力等四种应力成分，这就是船体构件承受多种作用、产生多种应力的工作特点。

为区分不同工作状态的构件，按照纵向构件在传递载荷过程中所产生应力种类，将纵向强力构件分为四类：

第一类：只承受总纵弯曲的纵向构件，称为第一类构件。如不计甲板荷重的上甲板，应力记为σ_1。

第二类：同时承受总纵弯曲和板架弯曲的纵向构件，称为第二类构件。如船底纵桁材腹板，其应力记为$\sigma_1+\sigma_2$。

第三类：同时承受总纵弯曲、板架弯曲以及纵骨弯曲的纵向构件，或者是承受总纵弯曲、板架弯曲以及板的弯曲(横骨架式)的纵向构件，称为第三类构件。如纵骨架式中的纵骨或横骨架式中的船底板，其应力记为$\sigma_1+\sigma_2+\sigma_3$。

第四类：同时承受总纵弯曲、板架弯曲、纵骨弯曲及板的弯曲的纵向构件，称为第四类构件。如纵骨架式中的船底外板，其应力记为$\sigma_1+\sigma_2+\sigma_3+\sigma_4$。

同时承受几种外力的构件，按每种外力分别计算其应力。在计算某一外力作用所产生的应力时，不考虑其他外力的作用。应力合成时，按单向应力考虑，即求各单独应力的代数和。

通常不必对所有纵向构件进行应力合成，而根据构件所处的部位和承受载荷的情况来确定哪些构件必须进行应力合成验算。须进行应力合成的构件，不必对构件每个剖面作校核，只要根据受力情况来判断可能出现最大合成应力的剖面，并对其进行校核。在一般情况下，除上甲板装有货物的船舶外，只需对底部构件进行应力合成的验算。

(1)船底板架弯曲应力计算

船底板架一般作为交叉梁系结构，强度计算中的具体方法如下：

图4-7为一纵骨架式船底板架，板架宽度B，取肋板组合剖面中和轴与内底边板相交点之间的距离，板架长度l取舱长。

桁材组合剖面的带板宽度C_1，用$\frac{l}{8}\sim\frac{l}{6}$或桁材间距$C$，取其小者。在带板宽度内的纵骨包括在计算剖面之内。实肋板组合剖面的带板宽度a_1，用$\frac{B}{6}$或肋板间距a，取其小者。

作用在板架上的载重为船底外板上的水压力和舱内货物之差。在确定作用在船底外板上的水压力时，应注意板架弯曲应力要和总纵弯曲应力进行合成，而且应当是在同一状态下的应力合成，因而水压力的取法应与总纵弯曲应力的计算状态相对应。在校核船体中

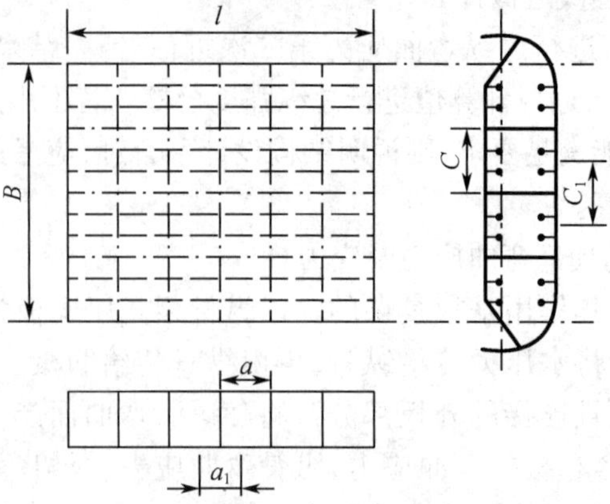

图 4-7　船底板架

部剖面在中拱或中垂状态的强度时，静水压力值必须按照船舶在中拱或中垂状态时，船底板架在波面下的水深来确定，在舱长范围内可认为是均匀分布的。同时应考虑在计算区域内底板上货物可能产生的最不利反压力，舱内反压力一般也认为是均布的。对于游船，波谷在中时，应考虑舱内满载；波峰在中时，应考虑舱内空载。

船底板架在舷侧可认为是自由支持的，在横舱壁处则为刚性固定的。接下来可以应用结构力学的方法进行板架计算，求出纵向构件的局部弯曲应力。

将船底纵桁作为两端刚性固定在横舱壁上的单跨梁来处理。

(2)船底纵骨弯曲应力计算

船底纵骨的载荷可由船底纵骨在波面下的水深 H 来确定，且认为是均布载荷。船底纵骨由肋板支持。由于船底纵骨在结构上以及所承受的载荷对称于肋板的关系，可以把纵骨当作两端刚性固定在肋板上的单跨梁来计算(图 4-8)。

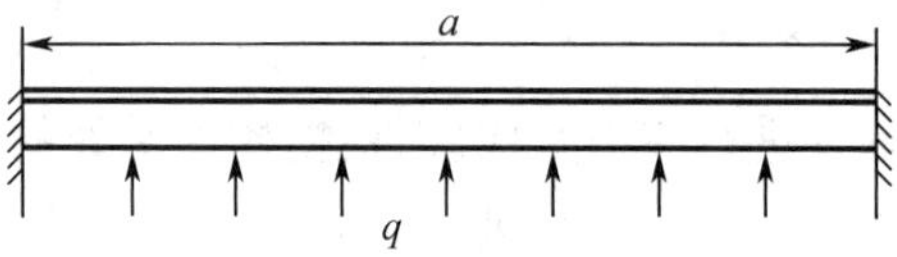

图 4-8　计算模型

(3)船底板的弯曲应力计算

①纵骨架式船底板

对于纵骨架式板格，其长边沿船长方向，通常作为刚性板计算。在总纵强度计算中，只计算沿船长方向的最大应力，即板短边中心点和板中心点横剖面内的应力，计算模型如图4-9所示。

板中心点平行于短边横剖面内的计算弯矩为

$$M_1 = k_2 q b^2 \tag{4-6}$$

板短边中心点横剖面内的计算弯矩为

$$M_1' = k_4 q b^2 \tag{4-7}$$

式中　k_2, k_4——弯矩系数，可根据边长比值 a/b，按板的弯曲要素查得，当 $a/b \geqslant 2$ 时，$k_2 \approx$

$0.012\ 5, k_4 \approx 0.051\ 5$；

q——船舶在中拱或中垂状态时作用在板上的水压力；

b——纵骨间距。

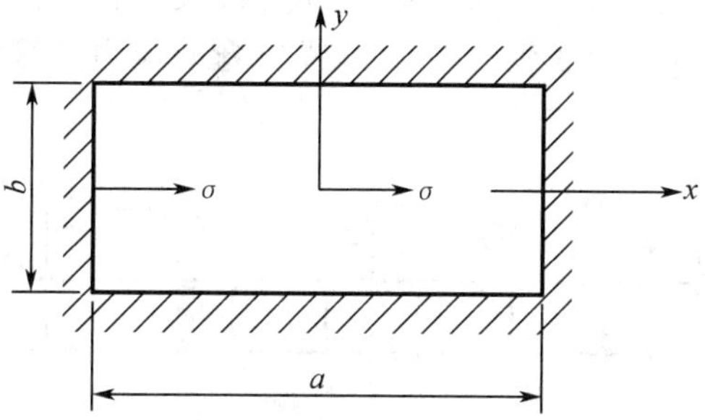

图 4-9　计算模型

板中心处平行于短边的剖面上的应力：

$$\sigma = \pm \frac{6M_1}{t^2} \tag{4-8}$$

式中　M_1——板中心处平行于短边的剖面内弯矩；

t——板厚。

板短边中点处的应力：

$$\sigma = \pm \frac{6M'_1}{t^2} \tag{4-9}$$

式中，M'_1为短边中点处的剖面内弯矩。

②横骨架式船底板

对于横骨架式板格，根据合成应力的要求，应该计算长边中点和板中心点横剖面的应力。如果计算中不考虑中面应力、初挠度等因素，亦即按刚性板处理，则上述剖面中的计算弯矩如下：

$$M_2 = k_3 q a^2 \tag{4-10}$$

$$M'_2 = k_5 q a^2 \tag{4-11}$$

式中　k_3, k_5——弯矩系数，可根据边长比值 a/b，按板的弯曲要素查得。当 $b/a \geqslant 3$ 时，$k_3 = 1/24, k_5 = 1/12$；

q——船舶在中拱或中垂状态时作用在板上的水压力；

b——肋板间距。

板中心处平行于长边的剖面上的应力：

$$\sigma = \pm \frac{6M_2}{t^2} \tag{4-12}$$

式中　M_2——板中心处平行于短边的剖面内弯矩；

t——板厚。

长边中点处的应力：

$$\sigma = \pm \frac{6M'_2}{t^2} \tag{4-13}$$

式中 M_2'——长边中点处的内弯矩；

t——板厚。

求出了各纵向构件的总纵弯曲应力及局部弯曲应力以后，就可以进行应力合成和校核强度了。一般应在构件的支座处和跨度中点处进行校核，因此对于船底构件，可校核图 4－10 所示的四个剖面。在求合成应力时，假设总纵弯曲应力在舱长范围内相同，板架弯曲应力在一个肋距内相同。

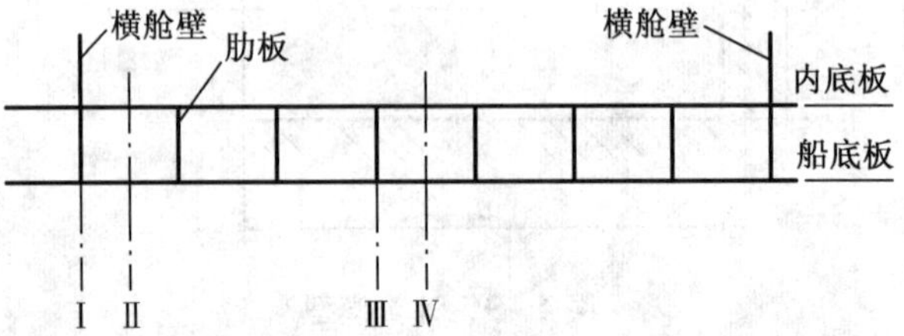

图 4－10

4.2 许用应力

1. 船体强度校核条件

许用应力就是船体结构在设计的各种工况下，各构件所容许的最大应力值。许用应力值通常小于构件材料破坏时的极限应力值或结构发生危险状态时，材料所对应的极限应力值，以保证结构具有足够的强度储备。

在理论上，材料的极限应力除以安全系数（或称强度储备系数）得许用应力，即：

$$[\sigma] = \frac{\sigma_0}{n} \tag{4-14}$$

式中 $[\sigma]$——许用应力；

σ_0——极限应力，如对钢材可取其屈服极限 σ_s；

n——安全系数。

危险状态与危险应力：

当船体发生破坏或产生较大的塑性变形时，船体就失去了工作能力，这时称其达到危险状态，构件内的应力称为危险应力。

当船体构件所受到的外荷载的形式不同时，其危险应力值也是不同的，按载荷时间变化而发生改变的程度不同，可将外荷载分为以下几类：

（1）不变载荷：荷重的值在全部作用时间内不变。

（2）交变载荷：荷重在作用时间内周期性地变化，当其变化周期超过结构的固有周期若干倍时，称为静变载荷。当其变化周期接近或等于结构的固有周期时，称为动变载荷。

（3）冲击载荷：在极短的时间内，突然作用在结构上的荷重。

在不变载荷作用下，当构件内的应力达到屈服极限时，材料开始产生塑性变形。因此，这种情况下，其危险应力就是材料的屈服极限。

在交变载荷作用下，危险应力是其疲劳极限。当材料上的交变应力超过了疲劳极限，则交变应力在作了有限次的循环后，构件就可能出现疲劳裂纹而招致破坏。

在冲击载荷作用下的构件，其危险应力可取材料的屈服极限，但安全系数应较不变载荷时取的大一点。

对于独立工作的构件来说，丧失稳定也将是一种破坏形式，因此其危险应力应取其临界应力。

2. 安全系数

在强度计算过程中，往往忽略了许多影响强度的次要因素。另外，在外力的确定及内力的计算方法上都做了一系列的简化。因此，计算的结果与实际情况之间是有差别的。对所有在计算中无法明显地加以考虑，但又会影响到计算精确度从而影响船体结构安全性的随机因素，都可以用安全系数的方法加以处理。

安全系数的确定，取决于一系列的因素。例如：

(1)荷重作用的特点

经常性荷重：在所有时间内作用于结构上的荷重，如重力、浮力等；

偶然性载荷：只作用有限次数的荷重，例如密性试验时的压力、坞内荷重等。

(2)结构上应力分布的特点

总应力：分布于结构大部分剖面中，如总纵弯曲应力；

局部应力：分布于一小部分的剖面上，例如甲板横梁的局部弯曲应力等。

局部应力作用范围小，即使最大应力超过了材料的屈服极限，也不至于引起严重的后果，因此对于一些仅承受局部应力的不重要构件，安全系数可适当地取得小一点。

(3)影响安全系数的因数

①外力确定的精确度；

②应力计算方法的精确度；

③船舶营运条件、使用年限、磨损及锈蚀的情况；

④建造工艺的影响，如冷作硬化的影响，焊接变形及残余应力的影响；

⑤材料机械性能的稳定性程度。

考虑到上述各项因素，结合船舶设计、建造、营运的经验，并在积累实船航行试验的基础上确定安全系数。可见，安全系数的确定是经验性的。

3. 造船工程中的许用应力

目前，在造船工程中均以材料的屈服极限作为危险应力。船体结构中每一构件的许用应力都以占危险应力的分数来表达：

$$[\sigma] = K \cdot \sigma_y \tag{4-15}$$

式中　K——许用应力所占屈服极限的份数；

σ_y——屈服极限。

在实践中，可以这样来确定许用应力标准：选一批实船，这些船必须是经过长期航行考验，被证明具有足够强度的船，对这些船按照静置于波浪上的计算方法，求出其总纵弯曲应力，称为计算应力。将这些应力加以分析整理，并求其统计平均值，这个统计平均值就可以作为许用应力值的基础。

世界上一些船级社对于许用应力都做了规定。苏联内河船舶登记局 1975 年颁发的《内河船舶分级与建造规范》中规定：

(1)仅承受总纵弯曲应力，而不受局部载荷作用的等值梁刚性构件，取系数 $K=0.70$；

(2)参与总纵弯曲并受局部载荷作用的刚性构件(如各种船舶载货甲板和船底构件)，取系数 $K=0.95$；

(3)船舶载货甲板纵桁和各种船舶内龙骨，承受总纵弯曲和板架弯曲合成应力，在跨度中间剖面处，取系数 $K=0.75$，在支座剖面处，取系数 $K=0.95$；

(4)不进行板架应力计算的纵向梁材(如连续扶强材)，承受总纵弯曲和局部弯曲合成应力，在跨度中间剖面处取系数 $K=0.85$，在支座剖面处，取系数 $K=0.95$。

英国劳氏船级社(LR)1981 年颁发的《内河船舶入级规范》规定，计算船体剖面模数所使用的许用应力为：

(1)纵向弯曲 $[\sigma]=137\ \text{N/mm}^2$；

(2)设有连续舱口围板的船舶，在围板顶部的总纵弯曲，取 $[\sigma]=137\ \text{N/mm}^2$；

(3)由于总纵弯曲和局部载荷应力合成引起的许用合成应力 $[\sigma]=177\ \text{N/mm}^2$。

4.3 船体梁设计载荷

1. 载荷计算点

依据相关规范要求，在计算作为船体梁的设计载荷时，需要按照一定的要求取点，具体选取具体的计算点时要考虑如下情况：

(1)板格的载荷计算点取在板格的下缘处。

(2)扶强材的载荷计算点一般取扶强材跨距的中点处。对于受线形非均布载荷的垂向扶强材，取其下端载荷与上端载荷平均值的发生点。

(3)主要构件的载荷计算点取其承载区域的中点。如承载区域载荷为非均布载荷，则应另行考虑。

(4)载荷计算点的纵向坐标用 x 表示，垂向坐标用 z 表示。

(5)船底区域，对于计算横剖面具有舭部额线的，系指该额线以下区域。对于计算横剖面为圆舭型的，系指该剖面处的圆舭线与水平成 50°切线的切点以下区域。

(6)舷侧区域，系指船底区域以上直到最高一层露天全通甲板的船侧区域。

2. 设计载荷

游艇船体梁设计载荷应包括垂向弯矩和垂向剪力，在计算时应按满载排水量装载状态进行计算。游艇应计算其静水状态时的垂向弯矩 M_s 和剪力 Q_s。

(1)艇体任一横剖面的垂向波浪弯矩 M_W

对于任一横剖面的艇体所受到的垂向波浪弯矩 M_W 按下式确定：

中拱状态：
$$M_{WH}=0.19F_M L_f C_1 L_{WL}^2 BC_B \tag{4-16}$$

中垂状态：
$$M_{WS}=-0.11F_M L_f C_1 L_{WL}^2 B(C_B+0.7) \tag{4-17}$$

式中　F_M——弯矩分布系数，见图 4-11 和表 4-2；

L_f——系数，$L_f = 0.0412L_{WL} + 4$；

C_1——设计类别折减系数，各设计类别折减系数取值如下：

$$\left.\begin{array}{l} C_1 = 1.0 \\ C_2 = 0.8 \\ C_3 = 0.7 \\ C_4 = 0.6 \\ C_5 = 0.5 \end{array}\right\} \text{设计类型} \left\{\begin{array}{l} \text{Ⅱ} \\ \text{Ⅱ} \\ \text{Ⅲ} \\ \text{Ⅳ} \\ \text{Ⅴ} \end{array}\right.$$

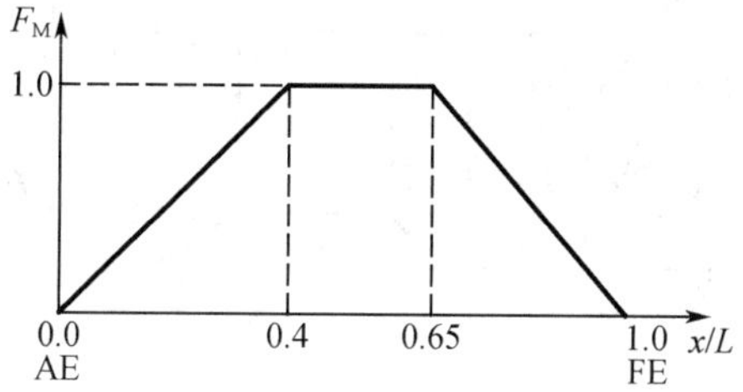

图 4－11　弯矩分布系数 F_M

表 4－2　弯矩分布系数 F_M

横剖面位置	分布系数 F_M
$0 \leqslant x < 0.4L_{WL}$	$2.5x/L_{WL}$
$0.4L_{WL} \leqslant x < 0.65L_{WL}$	1.0
$0.65L_{WL} \leqslant x \leqslant L_{WL}$	$2.86(1 - x/L_{WL})$

（2）艇体任一横剖面的垂向波浪冲击弯矩 M_{DW}

艇体的任一横剖面的垂向波浪弯矩 M_{DW} 可以由下式确定：

中拱状态：　$M_{DWH} = 0.051F_M\Delta L_{WL}\,|18n_{cg} - 4n_{FE} - 17n_{AE} - 5|$　　(4－18)

中垂状态：　$M_{DWS} = 0.051F_M\Delta L_{WL}\,|18n_{cg} - 4n_{FE} \quad 17n_{AE} \quad 5|$　　(4－19)

式中　F_M——弯矩分布系数，同图 4－11 和表 4－2；

n_{cg}——游艇重心处的垂向过载系数，$n_{cg} = a_{cg}/g$，不应取小于 1.0；其中 a_{cg} 游艇重心处的垂向加速度，m/s^2，见式（3－40）；

n_{FE}，n_{AE}——分别为游艇设计水线首端处和末端处的垂向过载系数，$n_{FE} = a_{FE}/g$，$n_{AE} = a_{AE}/g$。其中 a_{FE} 和 a_{AE} 分别为游艇设计水线首端处和末端处的垂向加速度，m/s^2，可分别按式（3－41）计算，但计算时，式（3－41）中的 a_{cg} 应取不小于 9.81 m/s^2。

在校核船体梁强度时，任一横剖面的垂向弯矩的设计值 M_R 应取（$M_S + M_W$）和 M_{DW} 中的大者。

（3）艇体任一横剖面的垂向波浪剪力 Q_W

对于艇体任一横剖面的垂向波浪剪力 Q_W 由下式确定：

$$Q_W = 0.3F_Q L_f C_1 L_{WL} B(C_B + 0.7) \tag{4-20}$$

式中　F_Q——正剪力和负剪力分布系数，见图4-12和表4-3，其中 $A=\frac{190C_B}{110(C_B+0.7)}$；

L_f 和 C_1 同式(4-16)和式(4-17)。

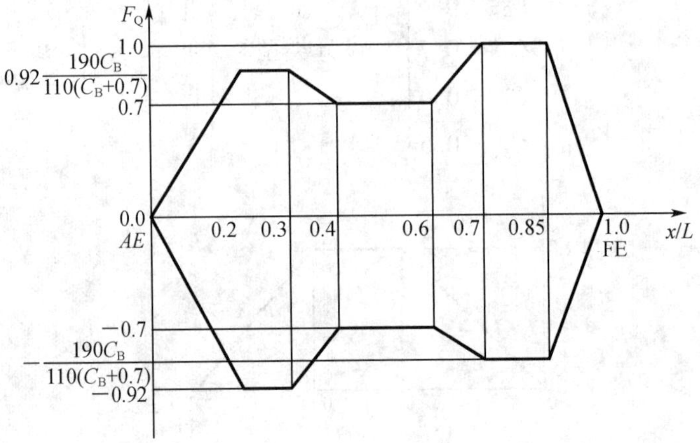

图4-12　剪力分布系数 F_Q

表4-3　正剪力和负剪力分布系数

横剖面位置	分布系数 F_Q	
	正波浪剪力	波浪剪力
$0 \leqslant x < 0.2L_{WL}$	$4.6\frac{X}{L_{WL}}$	$-4.6\frac{X}{L_{WL}}$
$0.2L_{WL} \leqslant x \leqslant 0.3L_{WL}$	$0.92A$	-0.92
$0.3L_{WL} < x < 0.4L_{WL}$	$(9.2A-7)\left(0.4-\frac{X}{L_{WL}}\right)+0.7$	$-2.2\left(0.4-\frac{X}{L_{WL}}\right)-0.7$
$0.4L_{WL} \leqslant x \leqslant 0.6L_{WL}$	0.7	-0.7
$0.6L_{WL} < x < 0.7L_{WL}$	$3\left(\frac{X}{L_{WL}}-0.6\right)+0.7$	$-(10A-7)\left(\frac{X}{L_{WL}}-0.6\right)-0.7$
$0.7L_{WL} \leqslant x \leqslant 0.85L_{WL}$	1	$-A$
$0.85L_{WL} < x \leqslant L_{WL}$	$6.67\left(1-\frac{X}{L_{WL}}\right)$	$-6.67A\left(1-\frac{X}{L_{WL}}\right)$

(4)艇体任一横剖面的垂向波浪冲击剪力 Q_{DW}

艇体在任一横剖面的垂向波浪冲击剪力 Q_{DW} 应按下式确定：

$$Q_{DW}=0.204F_Q\Delta\left|16n_{cg}-4n_{FE}-17n_{AE}-5\right| \tag{4-21}$$

式中　F_Q——剪力分布系数，同式(4-20)；

n_{cg}，n_{FE} 和 n_{AE} 同式(4-18)，式(4-19)。

在进行校核艇体船体梁强度时，任一横剖面的垂向剪力的设计值 Q_R 应取(Q_S+Q_W)和 Q_{DW} 中的大者。对于仅在内河水域航行的游艇，校核船体梁强度时，式(4-16)和式(4-17)涉及的艇体垂向波浪弯矩 M_W 和式(4-20)涉及的垂向波浪剪力 Q_W，可按《钢质内河船舶入级与建造规范》的相关规定确定。

4.4 船体梁强度设计

根据 CCS 相关规范，当游艇 L_{WL} 大于 40 m 或者强力甲板在船中 $0.4L_{WL}$ 范围内有开口宽度超过强力甲板宽度一半的大开口时必须校核船体梁强度。在进行船体梁强度校核时的装载状态应取满载出港装载情况。

1. 船体梁横剖面

在进行船体梁强度校核时，需要根据梁横剖面的强度特征选取合理的梁横剖面进行分析。按照规范，至少应选取以下三个船体梁的横剖面进行船体梁总纵强度校核：

(1)取船中 $\pm 20\% L_{WL}$ 范围内结构最弱处的剖面，校核船体梁的弯曲强度；

(2)取舯前垂向剪力最大的剖面，校核船体梁的剪切强度；

(3)取舯后垂向剪力最大的剖面，校核船体梁的剪切强度。

对于强力甲板大开口处横剖面以及船体梁结构形式突变区域横剖面，也应予以考虑。

船体梁横剖面的强度特征：

(1)船体梁横剖面应考虑由对船体梁纵向强度起作用的构件组成，包括强力甲板及其以下所有连续纵向构件。

(2)在校核剖面处，凡剖面两边长度均大于型深 D 的纵向构件，可计入船体梁剖面。如上述构件上开孔，且开孔高度超过复板高度 25% 时，该开孔面积应予以扣除。机座和舭龙骨不应计入船体梁剖面。

(3)在距尾端 $0.25L_{WL} \sim 0.75L_{WL}$ 范围内，第一层上层建筑/甲板室的长度如大于 $0.15L_{WL}$，且大于自身高度 6 倍，并至少支持在 3 个横舱壁上，且不设置弹性接头时，该第一层上层建筑/甲板室可计入船体梁剖面。

(4)凡不满足上述条件中任一条件的上层建筑或甲板室，则认为其不参与总纵强度，不计入船体梁剖面。如要考虑其部分参与船体梁强度，则应采用直接计算法确定其参与程度。

(5)如在整个上层建筑/甲板室的侧壁上有大量开孔，且开孔纵向孔径之和超过该上层建筑/甲板室长度一半，或上层建筑/甲板室与主船体的连接采用弹性结构形式时，则认为该上层建筑/甲板室不参与总纵强度。

(6)船体梁校核剖面特性计算时，该剖面处强力甲板上长度超过 2.5 m 或宽度超过 1.2 m 的椭圆形开口，以及直径超过 0.9 m 的圆形开口，应从船体梁剖面面积内扣除。

2. 船体梁剖面模数和静矩

船中 $\pm 20\%\ L_{WL}$ 范围内结构最弱处的艇体横剖面上，强力甲板以下任何一点(垂向坐标为 z)的剖面模数 Z_A 按下式计算

$$Z_A = \frac{I_Y}{|z - N|} \tag{4-22}$$

式中 I_Y——该艇体横剖面对其水平中和轴的惯性矩，m^4；

N——该艇体横剖面的水平中和轴距基线的高度，m；

z——计算点的垂向坐标,m。

艇体横剖面船底龙骨处的剖面模数 Z_{AK} 和强力甲板处剖面模数 Z_{AD} 分别由下式得出

$$\begin{cases} Z_{AK} = \dfrac{I_Y}{|z_{kx} - N|} \\ Z_{AD} = \dfrac{I_Y}{|z_D - N|} \end{cases} \tag{4-23}$$

式中 z_{kx}——坐标为 x 的横剖面处龙骨下缘距基线的高度,x 为该艇体横剖面的纵坐标;

z_D——艇体横剖面处强力甲板边线的 z 坐标。

如果艇体为复合材料,则艇体横剖面上强力甲板以下任何一点(垂向坐标为 z)的剖面模数 Z_A 应按下式计算:

$$Z_A = \frac{\sum(E_i I_i)}{E_z |z - N|} \tag{4-24}$$

式中 I_i—— 横剖面上各个构件对该横剖面中和轴的惯性矩,m^4;

E_i——横剖面上各个构件材料的拉伸弹性模量或压缩弹性模量(视该处受拉或受压状况而定),N/mm^2;

E_z——计算点处材料的拉伸弹性模量或压缩弹性模量(视该处受拉或受压状况而定),N/mm^2。

关于基线以上高度 z 处的静矩 $S(m^3)$,如计算点在水平中和轴以上时,S 为通过计算点的水平线以上的所有构件对水平中和轴的静矩,如计算点在水平中和轴以下时,则 S 为通过计算点的水平线以下所有构件对水平中和轴的静矩。

3. 船体梁应力

下面讨论船体梁上由垂向弯矩引起的正应力 σ_1。分为三种情况计算。

(1)所校核的横剖面上强力甲板以下任何一点(垂向坐标为 z):

$$\sigma_1 = \frac{M_R}{Z_A} \times 10^{-3} \tag{4-25}$$

式中 Z_A—— 按式(4-24)算得的剖面模数,m^3;

M_R——按第 3 节相关结论算得的船中剖面垂向弯矩设计值,kN·m。

(2)所校核的横剖面上船底平板龙骨处(垂向坐标为 z_{kx}):

$$\sigma_1 = \frac{M_R}{Z_{AK}} \times 10^{-3} \tag{4-26}$$

式中,Z_{AK} 为按式(4-23)算得的船底龙骨处剖面模数,m^3。

(3)所校核的横剖面上强力甲板处:

$$\sigma_1 = \frac{M_R}{Z_{AD}} \times 10^{-3} \tag{4-27}$$

式中,Z_{AD} 为按式(4-23)算得的船底龙骨处剖面模数,m^3。

对舯前和舯后发生最大垂向剪力的两个横剖面,应分别校核两个横剖面处两舷舷侧外板与纵舱壁受垂向剪力引起的剪切应力 τ_1。计算点 z 处(距基线高度为 z)的剪切应力 τ_1 应按下式计算,校核时应沿垂向取几个计算点计算 τ_1,从中取最大剪切应力校核:

$$\tau_1 = \frac{Q_R S}{I_Y t} \tag{4-28}$$

式中　Q_R——按式(3-47)算得的垂向剪力的设计值,kN;

t——距基线高度为 z 处的计算点的两舷舷侧外板与纵舱壁壁板的厚度之和,mm;

S——按本节 4.2 算得的距基线高度 z 处计算点的静矩,m^3;

I_Y——校核的横剖面对其水平中和轴的惯性矩,m^4。

4. 船体梁屈服强度校核衡准

根据前面对船体梁的正应力 σ_1 和剪应力 τ_1 的计算结果,下面依据相关规范,对船体梁的屈服强度进行校核衡准。

按照式(4-25)、式(4-26)和式(4-27)计算所得的垂向弯矩作用下的正应力 σ_1,不论船舶是在中拱或中垂状态均应满足下式:

$$\sigma_1 \leqslant [\sigma_1] \tag{4-29}$$

式中,σ_1 为许用正应力,N/mm^2;

对于钢、铝艇体结构:取$[\sigma_1] = 0.72\sigma_{SW}$,其中:$\sigma_{SW}$为材料焊接后的屈服强度;对于纤维增强塑料艇体结构:拉伸时,取$[\sigma_1] = 0.25\sigma_{SW}$,其中:$\sigma_{SW}$为纤维增强塑料的极限拉伸强度,$N/mm^2$;压缩时,取$[\sigma_1] = 0.25\sigma_{pnu}$,其中:$\sigma_{pnu}$为纤维增强塑料的极限压缩强度,$N/mm^2$。

对于按照式(4-28)计算所得的垂向剪力作用下的剪切应力 τ_1,不论是正剪切应力或负剪切应力,其绝对值均应满足下式:

$$\tau_1 \leqslant [\tau_1] \tag{4-30}$$

式中,$[\tau_1]$为许用剪切应力,N/mm^2;

对于钢、铝艇体结构:取$[\tau_1] = 0.72\tau_{SW}$,其中:τ_{SW}为材料焊接后的剪切强度,$\tau_{SW} = \sigma_{SW}/\sqrt{3}$;

对于纤维增强塑料艇体结构:取$[\tau_1] = 0.25\tau_{nu}$,其中:τ_{nu}为材料的极限剪切强度,N/mm^2。

【思考与练习】

一、问答题

1. 什么是剖面模数和最小剖面模数
2. 简述剖面折减系数的含义。
3. 什么是许用应力
4. 什么是船体极限弯矩
5. 简述船体梁设计载荷种类。
6. 船体梁横剖面的强度特征是什么?

二、计算题

1. 某型深 3.2 m 的横骨架式船舶,第一次近似计算船中剖面要素时,参考轴选在基线上 1.5 m 处,并得到以下各数值(见表 4-4 对半剖面):

表 4-4 对半剖面

	面积/cm^2	静矩/($cm^2\cdot m$)	惯性矩/($cm^2\cdot cm^2$)
参考轴以上	460	780.6	1 275
参考轴以下	980	968	1 048

该船于中拱状态受到最大变曲力矩为 24 940 kN·m。计算：

(1)使船底板在第二次计算时的折减系数不小于 0.5(肋距为 500 mm,每四档肋距设一实肋板),该船底板的最小厚度至少应为多少?

(2)剖面上甲板宽度为 2 m,舱口旁的甲板厚度为 5 mm,舷侧板厚度为 6 mm。若该剖面受到 1 200 kN 剪力的作用,求甲板距中心线 4 m 处和舷侧板在中和轴处的剪应力。

2. 试计算下述横骨架式内河驳船的总纵弯曲应力(不计初挠度和横荷重的影响)。横剖面图如图 4-13 所示。

已知:型深	$D=3.0$ m
吃水	$d=1.8$ m
甲板厚度	$t_1=3.5$ mm
船宽	$B=5.5$ m
肋距	$s=500$ mm
材料	$\sigma_Y=235$ MPa
船底、舷侧板厚度	$t_0=4.0$ mm
甲板纵桁	$\perp\dfrac{180\times5}{50\times6}$
中内龙骨	$\perp\dfrac{250\times5}{80\times6}$
中垂弯矩	$M=1\ 200$ kN·m

3. 箱形船外板厚度为 t,型深为 D,弯曲剪力在中前与中后假定为相同的二次抛物线分布,最大剪力值为 $W/8$,试确定其最大的剪切挠度。

4. 某长方形货驳沿船长均匀装载 1 000 t 货,在货驳中央又堆有一集中载荷 $P(t)$,正浮于静水中。设货驳自身质量为 500 t,沿船长均匀分布。若不考虑船体弯曲挠度对浮力分布的影响,试求船中剖面处船体弯曲挠度(设船体材料弹性模量为 E,船体剖面惯性矩为 I)。

第 5 章　艇体局部强度

【知识要点】

(1)掌握甲板板架的力学模型和计算载荷的计算方法;

(2)掌握肋骨框架的力学模型和计算载荷的计算方法;

(3)掌握小骨材的力学模型和计算载荷的计算方法;

(4)理解和熟悉船艇局部设计载荷的类型和计算方法。

在进行船艇局部强度设计和计算时,需要对结构的各个构件进行设计和计算。本章以船体甲板结构、肋骨框架以及小骨材的计算为例,介绍局部结构的强度计算和设计方法,然后依据相关规范要求给出游艇艇体所受的局部载荷计算方法。

5.1　甲板板架计算

1. 甲板板架的计算载荷

甲板板架所受的局部载荷为货物、人员的压力以及甲板上浪后的水压力。一般认为这些载荷在甲板上是均布的,在强度计算中,常用计算水柱高 h 表示,如果水的相对密度为 γ,则甲板板架的计算载荷(均布载荷)的集度 q 可表示为

$$q = h\gamma \tag{5-1}$$

内河船甲板计算水柱高,可参照《钢制内河船舶建造规范》规定选取:

(1)对于强力甲板,取计算水柱高 $h=0.5$ m;

(2)对于旅客舱室甲板,取计算水柱高 $h=0.45$ m;

(3)对于船员舱室甲板,取计算水柱高 $h=0.35$ m;

(4)对于顶篷甲板,取计算水柱高 $h=0.20$ m;

(5)载货甲板取货物质量的相当水柱高度,$h=KQ/F$,但对于 A 级航区强力甲板应不小于 0.725 m;B 级航区强力甲板应不小于 0.6 m;C 级航区强力甲板和其余甲板应不小于 0.5 m;Q 是载货甲板货载总量;F 是载货甲板面积。K 为系数,货物的积载因数小于或等于 0.45 m^3/t 时,取 $K=1.3$;货物的集载因数大 0.45 m^3/t 时,取 $K=1.15$。

2. 甲板板架的力学模型

(1)纵骨架式甲板板架

图 5-1 为具有舱口的纵骨架式甲板板架。对于这类甲板板架,不考虑甲板半梁及横梁对纵桁的影响,将纵桁看成是刚性固定在横舱壁上,并具有中间弹性支座(舱口端梁)的阶

梯变断面梁(图 5-1(b)),并认为纵桁受均布荷重作用。其集度为:

$$q = \frac{1}{2}(B_1 + b_1)h\gamma \tag{5-2}$$

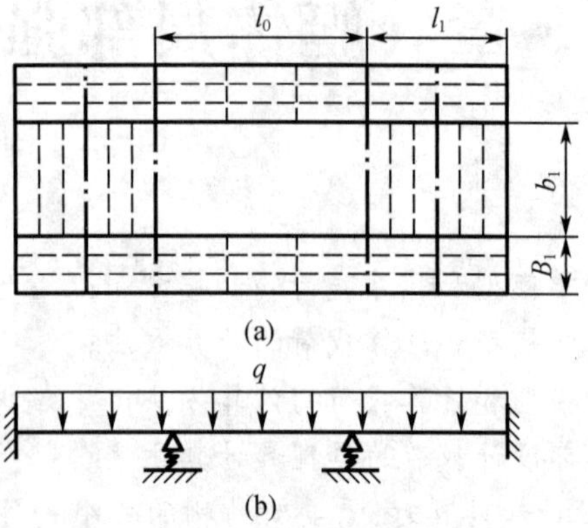

图 5-1 纵骨架式甲板骨架

计算纵桁的剖面惯性矩时,计入剖面中的甲板板带板宽度可取为

在开口区: $\frac{1}{12}l_0$

在开口区以外: $\frac{1}{6}l_1$

舱口端横梁作为弹性支座,其柔性系数为

$$A = \frac{l^3}{12EI_3}\left(\frac{b_1}{2l}\right)\frac{3 + 8 - \frac{I_3}{I_2}\frac{B_1}{b_1}}{3 + 2\frac{I_3}{I_2} + \frac{b_1}{2B_1}\left(3 + \frac{b_1}{2B_1}\right)} \tag{5-3}$$

式中 l——板架的半宽;

l_0——开口长度;

l_1——开口横边与横舱壁之间的距离;

b_1——开口的宽度;

B_1——开口纵边和舷侧之间的距离;

I_2——舷侧到开口之间那段舱口端梁的剖面惯性矩;

I_3——开口区域舱口端梁的剖面惯性矩。

舱口端梁可看作是自由支持在舷侧,支柱作为其中间刚性支座,在与纵桁的交叉点上承受纵桁给予的集中反力。显然,舱口端梁也是一根阶梯变断面梁。

如果甲板支柱设在舱口角隅处(纵桁与端横梁的交叉点)则甲板纵桁可看成是中间有刚性支座的梁。

(2)横骨架式甲板板架

图 5-2 为具有舱口的横骨架式板架。对于这类板架的纵桁及舱口端梁的计算,与纵骨架式板架相似。

上述板架中的纵骨、普通横梁、普通半梁均作为小骨材，计算方法见第3节小骨材计算。

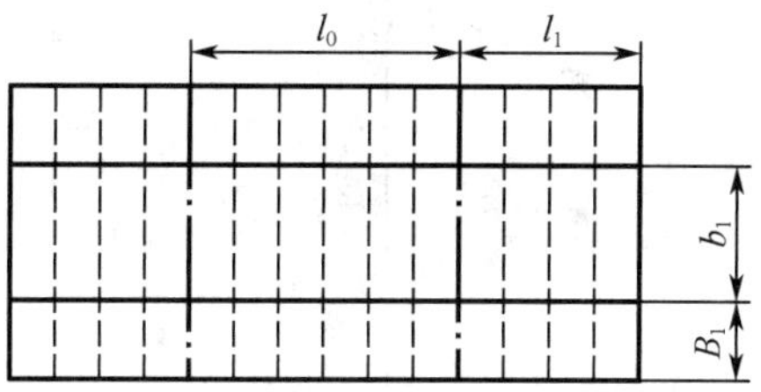

图5-2 横骨架式甲板骨架

5.2 肋骨框架计算

肋骨框架计算仅限于强肋骨框架。由计算确定横梁、纵舱壁扶强材、肋骨以及肋板的弯曲应力。

1. 肋骨框架的计算载荷

对于构成肋骨框架的横梁及肋板，其计算水柱高分别按甲板板架计算水柱及船底板架计算水柱取值，其载荷为一个强肋骨间距内的负荷的总和。

构成肋骨框架的舷侧肋骨，其计算水柱除考虑在静水中的吃水外，尚须考虑到波浪影响，其表达式为

$$h = d + r \tag{5-4}$$

式中 d——吃水，m；

r——半波高，m。

计算肋骨框架时，必须考虑到最不利的载荷搭配形式：

(1)计算肋骨时横梁不承受载荷，肋骨承受计及波浪静水压力的荷载(图5-3(a))；

(2)计算上甲板横梁时，上甲板横梁承受载荷，下甲板横梁不承受载荷，肋骨承受计及波浪静水压力的荷载(5-3(b))；

(3)计算下甲板横梁时，所有横梁承受载荷，肋骨承受计及波浪静水压力的荷载(5-3(c))。

2. 肋骨框架的力学模型

计算肋骨框架时，假定框架各构件为直杆，框架平面内的支柱长度不变，忽略舷侧纵桁对肋骨的作用。通常可将肋骨底部简化为刚性固定端。用肋骨框架各构件的弹性中心线来代替线梁，各构件的计算跨长为各构件弹性中心线交点之间的长度(图5-4)。对于一般船体肋骨框架可认为是节点不可动刚架。如肋骨框架为多层甲板，上甲板不载货，则在确定舷侧舱内肋骨和底部构件的强度时上层框架可忽略不计。计算肋骨框架时，均要考虑带板在内的剖面惯性矩。肋骨框架的计算，可用结构力学中刚架的计算方法进行计算。

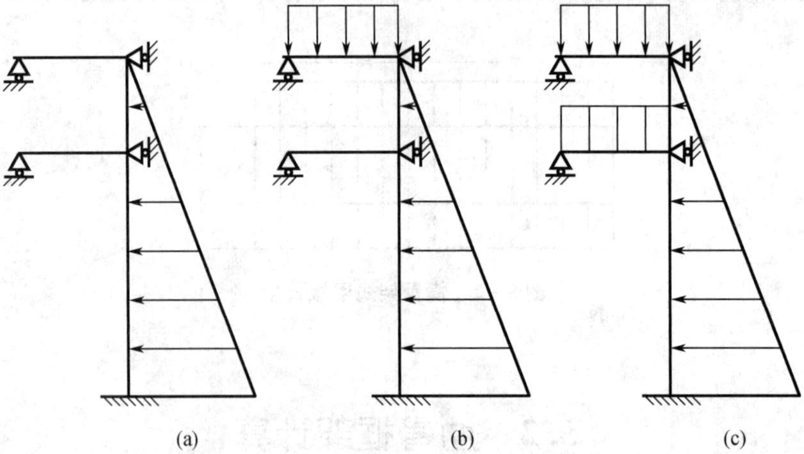

图 5-3 肋骨框架载荷

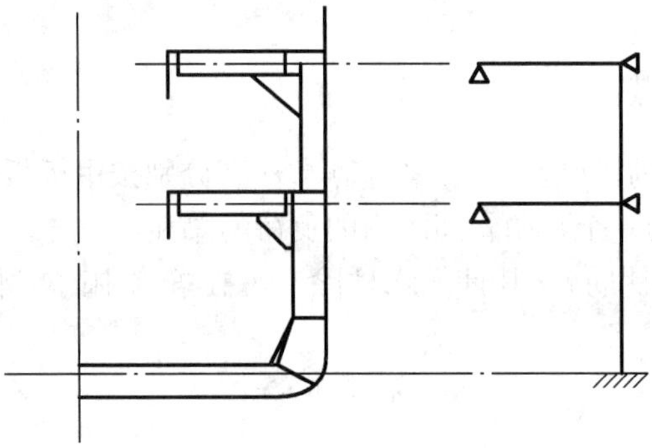

图 5-4 肋骨框架

5.3 小骨材计算

纵骨架式结构的甲板纵骨、船底纵骨、横骨架式结构的甲板横梁、半梁、普通肋骨以及船底骨材等都属于小骨材。这些小骨材一般都可以单独按照连续梁来处理。这里介绍纵骨架式的甲板纵骨、横骨架式的甲板横梁以及舷侧肋骨的计算。

1. 甲板纵骨

甲板纵骨的计算水柱高同甲板板架,其计算载荷为一个纵骨间距内的总荷重:

$$q = bh\gamma \tag{5-5}$$

式中 q——甲板纵骨上计算载荷的集度;

b——纵骨间距;

h——甲板计算水柱高;

γ——水的相对密度。

由于跨度和载荷的对称性，因此可将甲板纵骨作为刚性固定在强横梁上的单跨梁来计算（图 5－5）。计算纵骨的剖面惯性矩时，必须包括带板在内，带板宽可取纵骨间距。

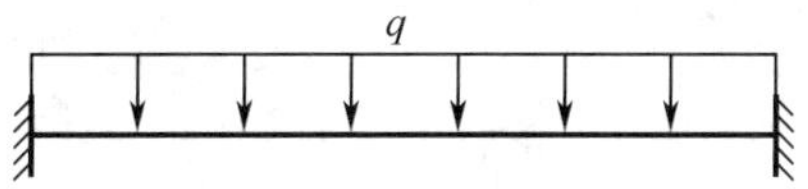

图 5－5 甲板纵骨

2. 甲板横梁和半梁

甲板横梁与半梁的计算水柱高同甲板板架，其计算载荷为一个肋距内的总荷重：

$$q = ah\gamma \tag{5-6}$$

式中 q——甲板横梁（半梁）上计算载荷的集度；

a——肋骨间距（横梁间距）；

h——甲板计算水柱高；

γ——水的相对密度。

横梁及半梁在舷侧为弹性固定（图 5－6），舷侧弹性固定端的柔性系数可取为

$$A = \frac{l}{3Ei} \tag{5-7}$$

式中 l——与横梁相连的肋骨的跨度；

E——剖面模数；

i——与横梁相连的肋骨的剖面惯性矩。

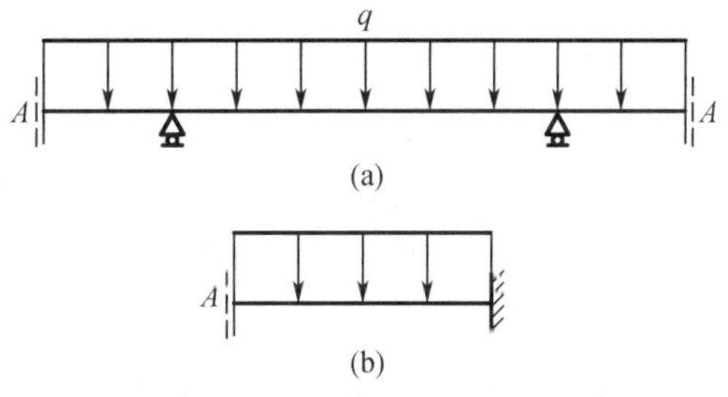

图 5－6 甲板横梁和半梁示意图

甲板纵桁可作为横梁的中间刚性支座，半梁在甲板纵桁处可看作刚性固定端。计算横梁、半梁的剖面惯性矩必须包括其带板在内，带板宽取肋距。

3. 普通肋骨

普通肋骨计算水柱高与肋骨框架中舷侧强肋骨计算水柱同高，其计算载荷为一个肋距内的总荷重（呈三角形分布）：

$$q = ah\gamma \tag{5-8}$$

式中 q——肋骨下端计算载荷集度；

a——肋骨间距；

h——舷侧计算水柱高；

γ——水的相对密度。

肋骨与甲板连接处可视为自由支持，下端与船底肋板相连处可简化为刚性固定端，舷侧纵桁一般可作为其中间刚性支座(图 5－7)。

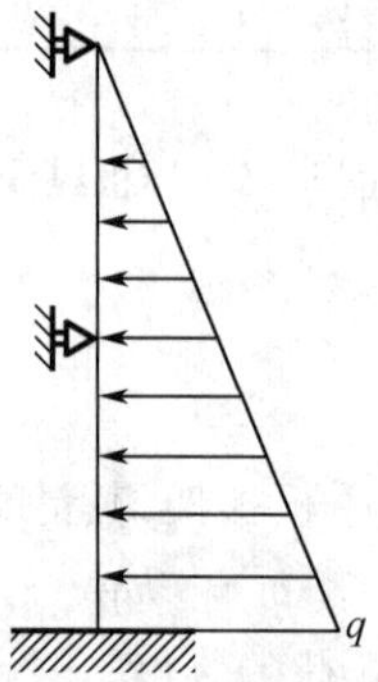

图 5－7 舷侧纵桁

5.4 艇体局部设计载荷

1. 船体外壳的设计载荷

首先要确定计算局部载荷的计算点位置，按照 CCS 相关规范要求，对于载荷计算点所在位置应按下述规定来确定：

(1) $x=0.75L_{WL}\sim1.0L_{WL}$ 船首区域：

载荷计算点在设计水线以下的船底区域：$P_R=1.07\times\max[P_{bs},P_1,C_2P_{fs}]$；

载荷计算点在设计水线以下的舷侧区域：$P_R=1.07\times\max[P_1,C_2P_{fs}]$；

载荷计算点在设计水线以上的舷侧区域：$P_R=1.07C_2P_{fs}$；

(2) $x=0\sim0.75L_{WL}$ 区域：

载荷计算点在设计水线以下的船底区域：$P_R=1.07\times\max[P_{bs},P_1]$；

载荷计算点在设计水线以下的舷侧区域：$P_R=1.07P_1$；

载荷计算点在设计水线以上的舷侧区域：$P_R=1.07P_2$。

式中 C_2——设计类别折减系数，各设计类别折减系数取值如下：

$$\left.\begin{array}{l}C_2=1.25\\C_2=1.00\\C_2=0.85\\C_2=0.75\\C_2=0.60\end{array}\right\}\text{设计类型}\left\{\begin{array}{l}\text{I}\\\text{II}\\\text{III}\\\text{IV}\\\text{V}\end{array}\right.$$

P_1——设计水线以下的艇体底部和舷侧区域的水压力，kN/m²，依式(5－9)确定；

P_2——设计水线以上的艇体首部以外($x=0$ 至 $0.75L_{WL}$)的舷侧区域所受水压力 kN/m²，按式(5－16)确定；

P_{bs}——艇体底部波浪冲击压力，kN/m^2，按式(5-12)确定；

P_{fs}——艇体首部($x=0.75L_{WL}\sim1.0L_{WL}$)的舷侧区域所受波浪冲击压力，$kN/m^2$，按式(5-13)确定。

2. 设计水线下艇体底部和舷侧区域水压力

对于设计水线以下的艇体底部和舷侧区域的水压力 P_1 按下式确定：

$$P_1 = 10[d_x - (z - z_{kx})] + P_w \tag{5-9}$$

式中 d_x——指坐标轴为 x 的横剖面处的艇体吃水；

z——压力计算点的 z 坐标；

z_{kx}——指坐标为 x 的横剖面处龙骨下缘距其线的高度；

P_w——艇体垂向相对运动在压力计算点处引起的波浪附加水动压力，可按以下公式计算得出：

$$P_w = 10F_zH_{rm} \tag{5-10}$$

其中：H_{rm}——坐标为 x 的横剖面的垂向相对运动因子，按(3-39)计算；

F_z——坐标为 x 的横剖面的附加水动压力垂向分布系数，按下式计算：

$$F_z = e^{-u} + (1 - e^{-u})\frac{z - z_{dx}}{d_x} \tag{5-11}$$

其中 $u=\dfrac{2\pi d_x}{L_{WL}}$。

3. 艇体底部波浪冲击压力

对于艇体底部所受到的波浪冲击力可以按照下式来计算：

$$P_{bs} = \frac{54F_{bs}\Delta(1 + n_{cg})}{G_SL_{WL}} \tag{5-12}$$

式中 F_{bs}——船底冲击压力纵向分布系数，按下述取值：

$F_{bs}=0.5$，　　$x-1.0L_{WL}$

$F_{bs}=1.0$，　$x=(0.5\sim1.0)L_{WL}$

$F_{bs}=0.5$，　　$x=0$

其他区域的 F_{bs} 值，由线性内插求得；

n_{cg}——游艇重心处的垂向过载系数，$n_{cg}=a_{cg}/g$，a_{cg}按式(3-40)计算；

G_S——船底船长。

4. 艇体首部波浪冲击压力

艇体首部 $x=0.75L_{WL}\sim1.0L_{WL}$处所受到的波浪冲击力 P_{fs}按照下述规定确定：

$x=1.0L_{WL}$处，取按下式计算的波浪冲击压力 P_{fs}和按(5-12)计算的 P_{bs}中的大者：

$$P_{fs} = 0.94L_{WL}\left(0.8 + 0.15\frac{V_H}{\sqrt{L_{WL}}}\right)^2 \tag{5-13}$$

$x=0.75L_{WL}$处，取按式(5-12)计算的 P_{bs}；

$x=0.75L_{WL}\sim1.0L_{WL}$处，$P_{fs}$可按线性内插求得。

式中，V_H 为游艇在设计有义波高 H_S 的波浪中航行时的航速，kn，可取 $V_H=\frac{2}{3}V$。

5. 艇体首部以外设计水线以上舷侧区域所受水压力

对于艇体首部以外（$x=0\sim0.75L_{WL}$），设计水线以上的舷侧区域所受水压力 P_2 应按下面规定进行确定：

$$P_2=(10H_{rm}-P_{RD}/1.07)\frac{z_{dx}-z}{z_{dx}-d}+P_{RD}/1.07 \tag{5-14}$$

式中 H_{rm}——坐标为 x 的横剖面的垂向相对运动因子，按式（3－39）计算；

P_{RD}——坐标为 x 横剖面的露天上甲板上的设计载荷，按式（5－15）的 P_R 取值；

z_{dx}——坐标为 x 横剖面的露天上甲板边线处距基线的高度，m。

6. 露天甲板和上层建筑/甲板室的设计载荷

对于游艇的露天甲板、上层建筑以及甲板室的设计载荷，P_R 的计算方法按照下面规定确定。

（1）露天上甲板

一般取露天甲板上的水压力作为设计载荷 P_R，P_R 按下式计算：

$$P_R=1.07C_2\left[F_d(0.01L_{WL}+5)\left(1+\frac{1}{2}n_{cg}\right)+\frac{0.08L_{WL}+0.7}{D-d}\right] \tag{5-15}$$

式中 C_2——设计类别折减系数；

F_d——纵向分布系数，按以下取值：

$x=0\sim0.5L_{WL}$ 区域，$F_d=1.0$；

$x=1.0L_{WL}$ 区域，$F_d=1.5$；

$x=0.5L_{WL}\sim1.0L_{WL}$ 区域，F_d 可按线性内插确定；

n_{cg}——游艇重心处的垂向过载系数，$n_{cg}=a_{cg}/g$，不应取小于 1.0；

D——艇型深；

d——设计吃水。

（2）上层建筑/甲板室

上层建筑/甲板室的设计载荷 P_R 按下式计算：

$$P_R=KP_{d1f} \tag{5-16}$$

式中 P_{d1f}——第一层上层建筑/甲板室前端壁处露天上甲板的设计载荷，kN/m^2，按式（5－15）的 P_R 取值，纵向分布系数 F_d 根据前端壁的实际纵向位置内插确定；

K——部位系数，按载荷计算点位置取值：

$K=1.50$，位于距船首 $L_{WL}/3$ 区域内的第 1 层上层建筑/甲板室前端壁；

$K=1.30$，位于距船首 $L_{WL}/3$ 区域外的第 1 层上层建筑/甲板室前端壁；

$K=1.00$，第 2 层上层建筑/甲板室前端壁；

$K=0.80$，上层建筑/甲板室所有的侧壁；

$K=0.65$，上层建筑/甲板室的顶板、后壁及其他部位。

（3）露天甲板上装载或设置重物

对于露天甲板上装载或设置重物的情况，则该处甲板所受载荷除重物本身质量和式（5－15）的甲板水载荷 P_R 外，还应考虑游艇自身的垂向加速度 a_x 造成的重物惯性力对甲板的影响。计算重物惯性力时重物的垂向加速度可取 $0.5a_x$。重物处的游艇垂向加速度 a_x 可按式（3－41）计算。

7. 艇体内部甲板和舱壁设计载荷

游艇内部甲板和舱壁的设计载荷的确定按照下面规定进行：

（1）非露天甲板或平台

$$P_R = 1.07 \times (0.01L_{WL} + 5)(1 + 0.5n_{cg}) \tag{5-17}$$

式中，n_{cg}游艇重心处的垂向过载系数，$n_{cg} = a_{cg}/g$，不应取小于 1.0。

（2）水密舱壁

$$P_R = 10h \tag{5-18}$$

式中，h 为压力计算点到舱壁甲板最高点的垂向距离，m。

（3）防撞舱壁

$$P_R = 12.5h \tag{5-19}$$

式中，h 为压力计算点到舱壁甲板最高点的垂向距离，m。

（4）液舱舱壁

液舱舱壁上的设计载荷 P_R 取以下三者中的大者：

$$\begin{cases} P_1 = 10h(1 + 0.5n_x) \\ P_2 = 6.7h_p \\ P_3 = 10(h + 1) \end{cases} \tag{5-20}$$

式中　n_x——液舱重心所在的 x 横剖面处的游艇垂向过载系数，$n_x = a_x/g$，其中 a_x 系 x 横剖面处的游艇垂向加速度，m/s^2，按式（3－41）计算；

h——压力计算点到液舱顶的垂向距离，m；

h_p——压力计算点到液舱空气管顶的垂向距离，m。

【思考与练习】

一、简答题

1. 简述甲板板架的力学模型和载荷特点。
2. 简述肋骨框架的力学模型和设计载荷。
3. 简述小骨材的受力特点和力学模型。
4. 简述游艇局部载荷的类型
5. 简述游艇各局部设计载荷的计算公式。

二、计算题

1. 已知某游艇型深为 2.0 m，舷侧为横骨架式，每档肋距设肋骨 $\perp\frac{75\times6}{50\times6}$（计入带板的剖面惯性矩为 188.5 cm^4），若在舷侧型深一半处设一道舷侧纵桁 $\perp\frac{200\times5}{80\times7}$（计入带板的剖面惯性矩为 2 475 cm^4）。当肋距 $s=500$ mm，舱长 $l=6$ m 时，试分析舷侧纵桁能否支持肋骨。

2. 已知某游艇横舱壁(中舱)桁材的计算图形如图 5－8 所示。计入带板的剖面惯性矩及最小剖面模数如下:

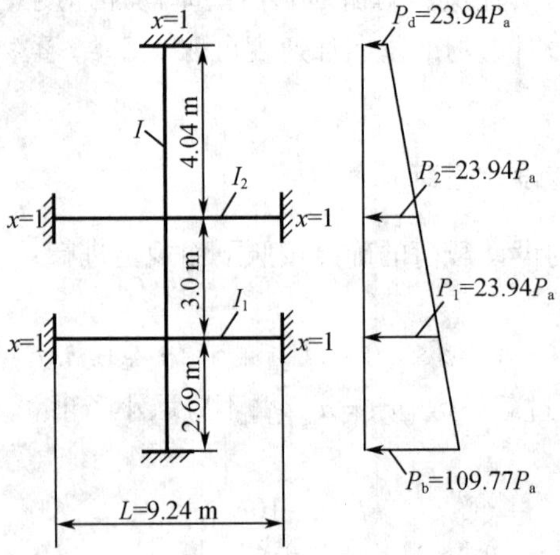

图 5－8　第 2 题图

第一道水平桁　　$I_1 = 24.66 \times 10^4\ cm^4$, $W_1 = 4\ 040\ cm^3$

第二道水平桁　　$I_1 = 21.08 \times 10^4\ cm^4$, $W_1 = 3\ 520\ cm^3$

竖桁　　$I = 83.20 \times 10^4\ cm^4$, $W_1 = 9\ 160\ cm^3$

3. 某艇在船台上作舱壁水密试验,试水水柱高度达甲板下表面(型深 $U = 6.0$ m)。已知舱壁的最下一列板厚度 $t = 9$ mm,舱壁扶强材间距 $s = 500$ mm,试计算在试水时舱壁板中的最大应力(已知材料屈服极限为 $\sigma_1 = 220$ MPa)。

4. 绘出下列船体构件的计算简图:

①横梁;②肋骨;③肋板;④强度与稳定性计算中纵骨的计算简图;⑤强度与稳定性计算板的计算简图。

5. 校核船体局部结构强度。

①校核纵骨强度

已知:肋骨间距 $a = 500$ mm;纵骨间距 $b = 300$ mm;纵骨为 6 号球扁钢;板厚 $t = 5$ mm;钢材屈服应力 $\sigma_s = 240$ MPa;计算载荷为 6 m 的水柱高。

②校核甲板板强度。

已知:肋骨间距 $a = 500$ mm;纵骨间距 $b = 300$ mm;板厚 $t = 3$ mm;钢材屈服应力 $\sigma_s = 240$ MPa;计算载荷为 3 m 的水柱高。

第6章　构件稳定性

【知识要点】

(1)了解杆件的稳定性理论和计算公式的推导;
(2)了解船板的稳定性理论和掌握公式的推导;
(3)了解船板骨材的稳定性理论并熟悉公式;
(4)掌握游艇金属矩形板和骨材构件稳定性设计公式;
(5)了解游艇纤维增强塑料夹层板稳定性设计。

船艇在满足结构总体强度的前提下,一般还需要对结构构件进行稳定性校核。本章根据构件稳定性的一般性力学知识,研究在符合船体梁强度校核要求的情况下,对游艇的船底板、甲板板和舷侧外板及其纵向骨材,进行其在总纵弯曲受压情况下的稳定性问题和校核方法。

6.1　构件稳定性的一般理论

我们知道物体有三种平衡状态:稳定平衡状态、不稳定平衡状态和随遇平衡状态。如果处于平衡状态的物体,由于某种原因而稍微偏离了原来的平衡位置,当这种原因一旦撤掉,物体仍能回复到原来的平衡位置,该物体所处的平衡状态即为稳定平衡状态。如图6-1(a)所示小球的状态。

假如处于平衡状态的物体,由于某种原因而稍微偏离平衡位置,即使原因消失后它也不能回复到原来的平衡位置,而且离平衡位置越来越远,则该物体所处的平衡状态即为不稳定平衡状态,如图6-1(b)中的小球。

假如处于平衡状态的物体,由于某种原因离开了原来的平衡位置,当原因消失后它能在新的位置处于平衡状态,那么称该物体处于中性平衡状态,如图6-1(c)中的小球。

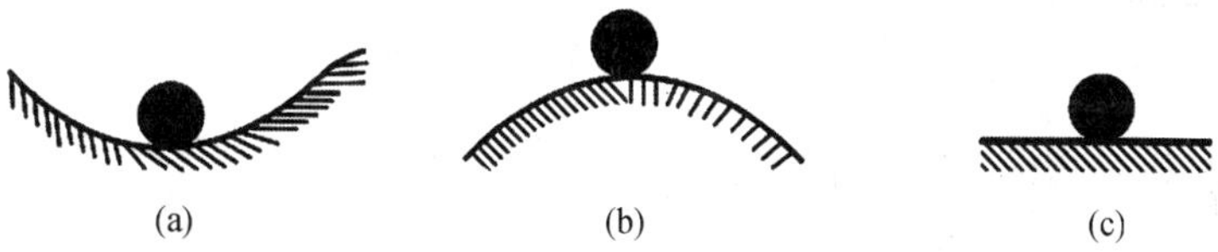

图6-1　物体平衡状态

由于船舶尺度的增加,人们发现船在总弯曲时船体受压的构件常常会在较小的应力下因为受压过度而丧失稳定性，如图 6－2 所示。

图 6－2 船体结构中支柱失稳

我们知道对于受压的直杆，往往存在这样的情况：当压力增大到某一值时，稍有外界干扰，此杆就在其刚性最小的平面内发生弯曲，这时即使外界干扰消失，杆的弯曲仍将存在，这种现象称之为杆件丧失了稳定性。事实上，这样的杆件是处于随遇平衡状态，杆件失稳时的压应力称之为临界应力，若压力继续增大，则杆的弯曲变形将迅速增大以至杆件破坏，这时，杆件实际上是处于不稳定平衡状态。

1. 单跨压杆的稳定性

根据工程力学的知识，单跨压杆的随遇平衡状态是稳定平衡到不稳定平衡的过渡，是一个临界状态。在杆件设计中，要保证其满足稳定性的要求，确定随遇平衡对应的临界应力是研究问题的关键。

现在考虑如图 6－3 所示两端自由支持的单跨压杆，压杆在距离坐标原点 x 处的横截面上的弯矩为

$$M(x) = -F_{cr}y \tag{6-1}$$

得挠曲线近似微分方程为

$$EIy'' = M(x) = -F_{cr}y \tag{6-2}$$

令 $k^2 = \dfrac{F_{cr}}{EI}$，代入式(6－2)，则有

$$y'' + k^2y = 0 \tag{6-3}$$

式(6－3)为二阶常系数齐次线性微分方程，设其通解为

$$y = A\sin kx + B\cos kx \tag{6-4}$$

由于两端自由支持，故有边界条件如下：

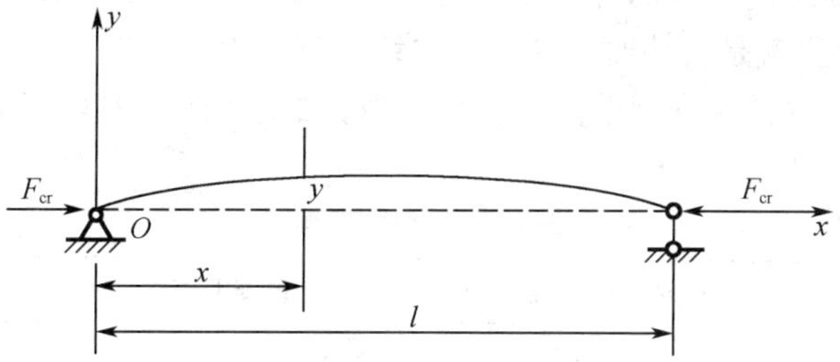

图 6－3 两端自由支持的单跨压杆

$$\begin{cases} x=0, y=0 \\ x=l, y=0 \end{cases}$$

将边界条件 $x=0, y=0$ 带入式(6－4)可确定 $B=0$。将边界条件 $x=l, y=0$ 带入式(6－4)，得到 $\sin kl=0$，则有以下讨论：

(1) $A=0$，压杆不弯曲，与其微弯状态相矛盾；

(2) $kl=n\pi (n=0,1,2,\cdots)$，则 $A\sin kl=0$，于是有：

$$F_{cr}=\frac{n^2\pi^2 EI}{l^2}(n=0,1,2,\cdots) \qquad (6-5)$$

临界力取 $n=1$，则两端铰支等截面细长中心受压直杆临界力 F_{cr} 的欧拉公式为

$$F_{cr}=\frac{\pi^2 EI}{l^2} \qquad (6-6)$$

式中 F_{cr}——欧拉力，公式(6－6)也称之为欧拉公式；

I——是截面的最小形心主惯性矩。

该式表示了当杆件所受的轴向压力达到欧拉力，即杆件处于随遇平衡状态时，它稍微偏离原来直线位置后所可能产生的挠曲线方程。由该式可以看出，杆件处于偏离直线位置的随遇平衡状态时，其形状是一半波正弦曲线。进一步的理论研究指出，处于随遇平衡状态下的杆件，只有当其形状为半个正弦波形状时情况才是稳定的，其余都是不稳定的，所以当轴向压力达到欧拉力时，压杆离开直线位置后一般呈半个正弦波的形状。

由式(6－6)，可以得到两端铰支等截面细长中心受压直杆临界力以下性质：

(1) F_{cr} 仅与材料(E)、长度(l)和截面尺寸(A)有关，材料的 E 越大，截面越粗，杆件越短，临界力 F_{cr} 越高；

(2) F_{cr} 是压杆自身的一种力学性质指标，反映承载能力的强弱，临界力 F_{cr} 越高，稳定性越好，承载能力越强；

(3) F_{cr} 与外部轴向压力的大小无关。

对于其他支承情况的等断面单跨压杆，不同支承条件的杆的欧拉公式可用式(6－7)来表示：

$$F_{cr}=\frac{\pi^2 EI}{(\mu l)^2} \qquad (6-7)$$

其中，μl 称之为压杆的“相当长度”或“折算长度”。

显然，对于两端均为自由支持在刚性支座上的压杆，其“相当长度”就是其实际跨度，即 $\mu=1$，而这种杆两端弯矩为零。因此，又可以把“相当长度”看成是压杆弯曲时杆件上弯矩

为零的点之间的长度。进一步的计算证明这种说法对于其他支承情况的压杆也是完全适用的,这时“相当长度”就是失稳时杆件变形曲线中反曲点之间的长度。

下面直接给出几种常见支承情况的长度系数 μ 的取值(见表 6-1)。

表 6-1 长度系数 μ

两端铰支	一端固定,一端自由	两端固定	一端固定,一端铰支
	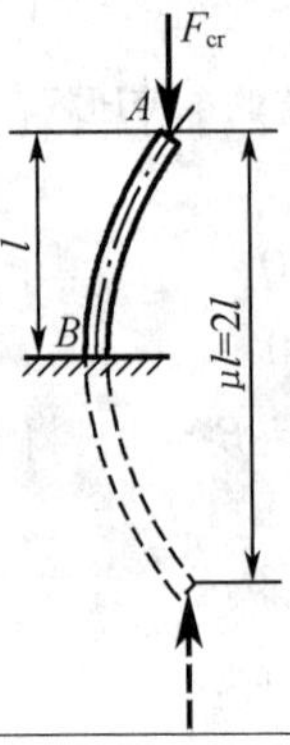	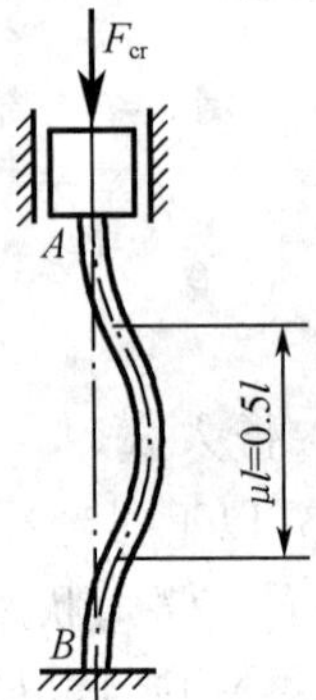	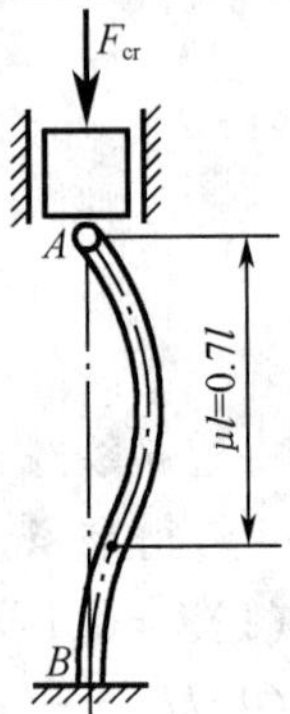
$\mu=1$	$\mu=2$	$\mu=0.5$	$\mu=0.7$

长度因数 μ 越小,约束越强,临界力 F_{cr} 越高,稳定性越好;长度因数 μ 越大,约束越弱,临界力 F_{cr} 越低,稳定性越差。

根据约束情况,给出几种常见支承情况的单跨杆的欧拉力计算公式:

(1)两端自由支持的杆(图 6-4),$\mu=1$,其欧拉力计算公式为:

$$F_{cr}=\frac{\pi^2EI}{4l^2}$$

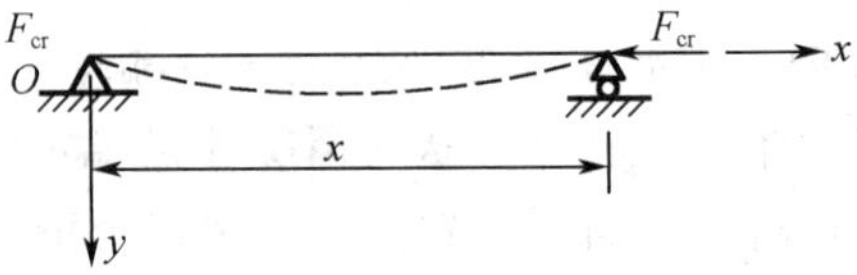

图 6-4 两端自由支持的杆

(2)一端刚性固定,另一端为自由端的杆(图 6-5),$\mu=2$,其欧拉力计算公式为:

$$F_{cr}=\frac{20.16EI}{l^2}$$

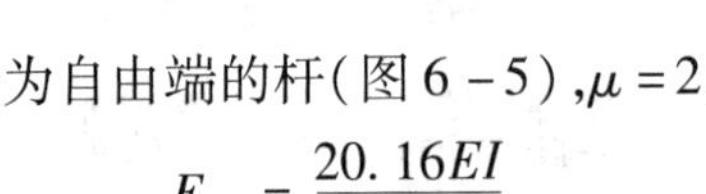

图 6-5 一端刚性固定,另一端为自由端的杆

(3)一端刚性固定,另一端自由支持的杆(图 6-6),$\mu=0.7$,其欧拉力计算公式为

$$F_{cr}=\frac{4\pi^2 EI}{l^2}$$

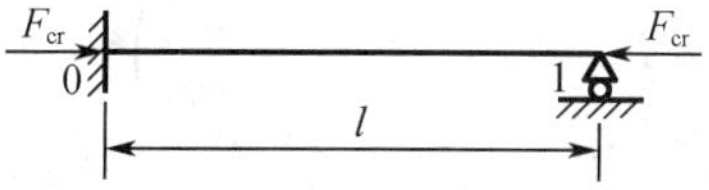

图 6－6 一端刚性固定,另一端为自由支持的杆

(4)两端刚性固定的杆(图 6－7),$\mu=0.5$,其欧拉力计算公式为

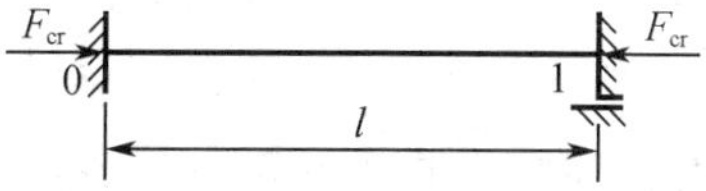

图 6－7 两端刚性固定的杆

2. 压杆的非弹性稳定

"单跨梁的弯曲"中做出假设:材料服从虎克定律,以后的关于梁的弯曲理论的一系列推导都是在此假设下进行的,所以只有当杆件失稳时,其材料仍在弹性范围之内欧拉公式才能成立。那么什么样的杆件失稳时材料将超过弹性范围?现在我们将欧拉力的计算公式改写为欧拉应力计算公式

$$\sigma_{cr}=\frac{\pi^2 EI}{l^2 A} \tag{6-8}$$

为衡量杆件"细长"或"短粗"的程度,引入"柔度"概念。令:

$$r=\sqrt{\frac{I}{A}} \tag{6-9}$$

r 称之为杆件的惯性半径。令 $\lambda=\frac{l}{r}$,λ 称之为杆的柔度,式(6－8)可写成

$$\sigma_{cr}=\frac{\pi^2 E}{\lambda^2}$$

由此可见,欧拉应力与柔度的平方成反比。

例 6－2 对于一般船用低碳钢,弹性极限 $\sigma_p=196.2\ \text{N/mm}^2$,弹性模量 $E=1.962\times10^5\text{N/mm}^2$。其欧拉应力为

$$\sigma_{cr}=\frac{\pi^2 E}{\lambda^2}=\frac{10\times1.962\times10^5}{\lambda^2}$$

假如杆件失稳时,材料不超过弹性范围,则 $\sigma_E<\sigma_P$,即:$\sigma_{cr}=\frac{10\times1.962\times10^5}{\lambda^2}<196.2$。解此不等式,有 $\lambda>100$。就是说,普通船用低碳钢做成压杆,当柔度小于 100,则杆件失稳时材料已超过弹性范围,欧拉公式不再适用。

超过材料弹性范围的压杆稳定问题称之为压杆的非弹性稳定问题。在造船中,通常把杆件在弹性范围外失稳的力叫作临界力,以区别弹性范围内失稳的欧拉力。那么,如何求得压杆在非弹性范围内的临界应力呢?实际上都是用实验来解决的,通过实验,并经分析、归纳得出实用的经验公式，在实际的造船工程中，当压应力大于 $\sigma_y/2$ 是材料的屈服极限）时，就认为已属于非弹性范围了，一般可按下面的公式来计算杆件的临界应力：

$$\sigma_{cr} = \sigma_y\left(1 - \frac{\sigma_y}{4\sigma_E}\right) \tag{6-10}$$

式中 σ_{cr}——压杆的临界应力；

σ_y——压杆的临界应力；

σ_E——欧拉应力。

式(6－10)公式也适用于一般的高强度钢。

在解决压杆的非弹性稳定问题时，还常用压杆的临界应力曲线（即 $\sigma_{cr}-\lambda$ 曲线），图 6－8 分别给出了屈服极限为 $\sigma_y = 235.4\ \text{N/mm}^2$ 和 $\sigma_y = 392.4\ \text{N/mm}^2$，两种钢材的临界应力曲线只要求出杆件的柔度，便能在曲线上查到相应的临界应力。

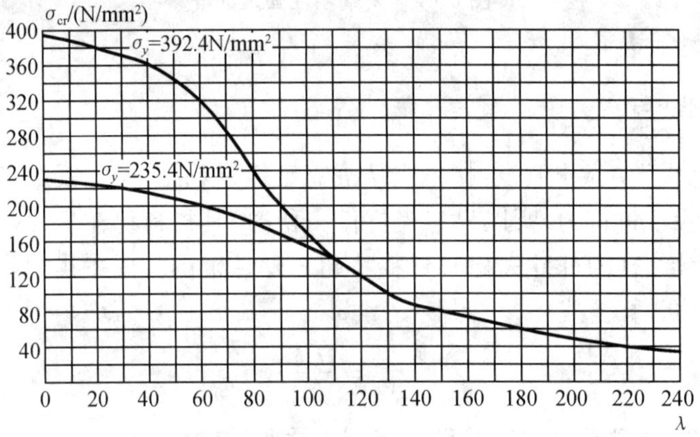

图 6－8　压杆的临界压力曲线

例 6－1　求某船甲板纵骨的临界应力。已知纵骨的附连翼板宽 30 cm，甲板强横梁间距为 150 cm，甲板厚为 0.6 cm，纵骨为 8 号球扁钢，材料的屈服极限是 $\sigma_y = 392.4\ \text{N/mm}^2$，剖面对中和轴惯性矩 148.6 cm^4。

解：先求出计及附连翼板的纵骨惯性矩和剖面积，下面以表格形式来求。将剖面的参考轴设在翼板厚度的中线上，构件剖面要素计算表如表 6－2 所示。

纵骨的欧拉应力为

$$\sigma_{cr} = \frac{\pi^2 EI}{l^2 A} = \frac{3.14^2 \times 1.962 \times 10^5 \times 148.6 \times 10^4}{1\ 500^2 \times 23.8 \times 10^2} = 536.8$$

结果表示 $\sigma_E > \frac{1}{2}\sigma_y$，应按非弹性稳定问题来求纵骨的临界应力：

$$\sigma_{cr} = \sigma_y\left(1 - \frac{\sigma_y}{4\sigma_E}\right) = 392.4 \times \left(1 - \frac{392.4}{4 \times 536.8}\right) = 320.8\ \text{N/mm}^2$$

如利用 $\sigma_{cr}-\lambda$ 曲线求临界应力，则须先求出纵骨的柔度：

$$\lambda = \frac{l}{\sqrt{\frac{I}{A}}} = \frac{150}{\sqrt{\frac{148.6}{23.8}}} = 60$$

在曲线上查得 $\sigma_{cr} = 320.8\ \text{N/mm}^2$。

表 6－2 构件剖面要素计算表

构件号	剖面图	构件尺寸 /mm	剖面积 A /cm^2	构件重心至参考轴距离 Z /cm	剖面积对参考轴的静矩 AZ /cm^3	对参考轴的惯性矩 AZ /cm^4	自身惯性矩 i /cm^4
①	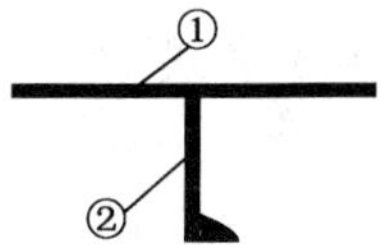	300 ×6	18. 0	0	0	0	—
②		┏8	5. 8	5. 07	29. 4	149. 1	36
	总和	∑	23. 8		29. 4	185. 4	

6. 2 板材的稳定性

船体板由纵横构件划分为矩形“板格”。当板受到横向荷重作用时，板就以这些纵横向构件为支座，承受外荷重并发生弯曲变形。当船体发生总纵弯曲时，船体板(尤其是甲板与船底板)除了承受横向荷重外，还受到中面内的拉力或压力的作用。与杆一样，当板的中面压力达到一定数值时，平板将不再维持原来的平面平衡状态，而将发生弯曲变形。这时称板失去稳定性，也叫作平板“皱折”。船体结构中的板，由于其四周有刚性周界支持，因此即使失稳，尚能承受一定的载荷，但承受能力将降低。由于板的失稳，会使整个船体的强度降低。因此，研究板的稳定性对于船舶强度有着十分重要的意义。

某些船体板在横荷重作用下而产生挠度，当研究其在中面压力下的稳定性问题时将这些挠度作为“初始挠度”，简称“初挠度”。初挠度的存在将影响板的稳定性。在船体强度研究中，一般船体板的中面力由船体总纵弯曲应力引起，那么在横骨架式结构中船体板的初挠度对于其稳定性是十分不利的。相反，在纵骨架式中，船体板的初挠度是有利于提高板的稳定性的。

1. 矩形板的稳定性

这里研究四边自由支持，在一个方向上均匀受压的板的稳定性问题。

板为仅受到总纵弯曲时 x 方向的压力，其四周自由支持在骨架上的矩形板，如图 6－9 所示。

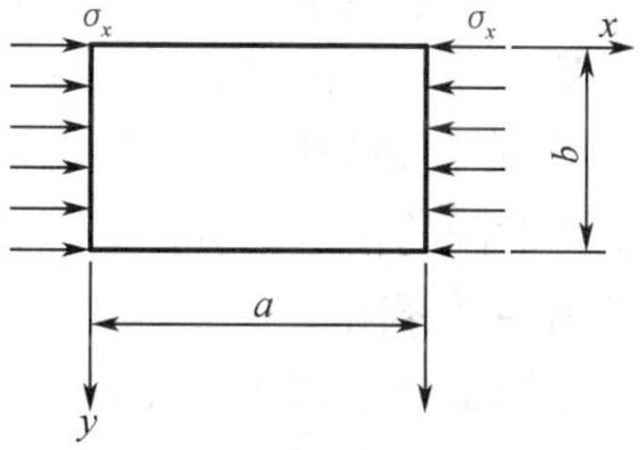

图 6－9 受压板格

令 D 为板的弯曲刚度

$$D=\frac{Et^3}{12(1-\mu^2)}$$

式中 t——板厚；

μ——泊松比；

I——板条梁的断面惯性矩，$I=t^3/12$。

板的临界应力,直接给出最后的结果:

$$\sigma_{cr} = \frac{4\pi^2 D}{b^2 t} \qquad (6-11)$$

$$\sigma_{cr} = \frac{\pi^2 D}{a^2 t} \qquad (6-12)$$

这就是板沿 x 方向受压时按板条梁计算时的临界应力。

在船舶结构计算中,式(6-11)和式(6-12)可用来分别计算纵骨架式板和横骨架式板的临界应力。如果取 $E=2.1\times10^5\ \mathrm{N/mm^2}$,$\mu=0.3$ 代入式(6-11)和式(6-12),可得到通常的计算公式。

纵骨架式船体板(图 6-10)

$$\sigma_{cr} = 76\left(\frac{100t}{b}\right)^2 \quad (\mathrm{N/mm^2}) \qquad (6-13)$$

$$\sigma_{cr} = 19\left(\frac{100t}{a}\right)^2 \quad (\mathrm{N/mm^2}) \qquad (6-14)$$

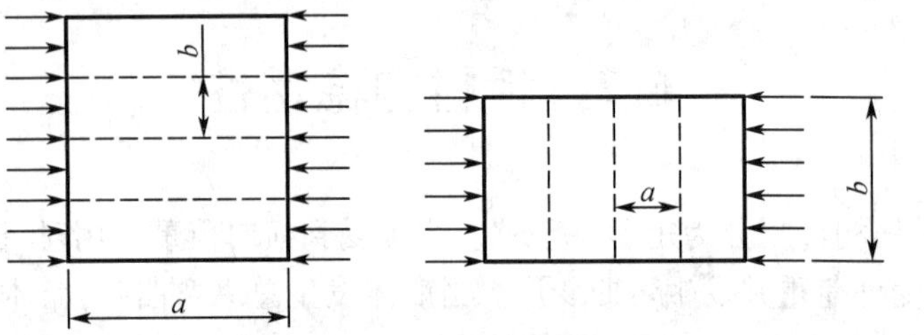

图 6-10 受压板格

从以上两式中可以看到板的临界应力受短边宽度与板厚之比的控制。这里要注意式(6-13)和式(6-14)两式括号中分母总为短边的宽度。由此可见,纵骨架式船体板和横骨架式船体板相比,如果骨架的间距相同,则前者的临界应力约为后者的四倍,这就说明纵骨架式板在稳定性方面比横骨架式板有明显的优势。

2. 板失稳后的工作情况

受轴向压力作用的杆,当压力达到临界力时,就可能偏离其原来的平衡位置,这时只要压力再略有增加,杆件就将迅速弯曲,直至破坏。因此认为杆件的压力达到或超过临界压力时,杆件就无法正常工作了。

受中面压力的板,其情况则与杆有所不同。船体板的四周承在船体骨架上,一般认为船体骨架并不能相互趋近的,而且船体骨架的临界应力远大于板的临界应力,因此当板失稳后骨架并不失稳而继续支撑着板,并使板的周界无法相互趋近。因此当板的中面压力大于临界力时,板的挠度不可能迅速增大而导致破坏。船体板不是孤立存在的,它要受到相邻板格的制约作用,就这一点而言,是和单块的板不同的,这是当板失稳后板边不能相互趋近的另一个原因。

船体板失稳后不至于破坏,尚能继续工作并承受一定的中面内压力,不过失稳后的板承载能力是有所下降的,这种现象称作板的“后屈曲强度”。板失稳后,承载能力将降低,多余的荷重由支撑其周界的刚性骨架来承担。我们可以将失稳的板看成上述一定宽度的刚性板在参与弯曲,而这块刚性板的宽度就称为某块板的“有效宽度”。

显然,板的有效宽度一定小于或等于板宽。板的有效宽度的大小与板的中面压力大小有关。在失稳前,板完全有效地参与弯曲,所以有效宽度就是板宽。板失稳后,随着中面压力的增大,板的承载能力下降,有效宽度减小。为了衡量板失稳后的承载能力,引入“折减系数”的概念。板的有效宽度与实际宽度之比,称为板的“折减系数”。“折减系数”用字母 ψ 表示,则:

$$\psi = \frac{b_e}{b} \tag{6-15}$$

式中　b_e——板的有效宽度;

b——板的实际宽度。

如果以 $\bar{\sigma}$ 表示支撑板的刚性骨架所承受的压应力,那么 $\bar{\sigma}$ 也就是假想的有效宽度板上的压应力。如果以 σ 表示实际的板中面应力的平均值,那么根据有效宽度的定义,有

$$\sigma b = \bar{\sigma} b_e \tag{6-16}$$

或写成:

$$\frac{b_e}{b} = \frac{\sigma}{\bar{\sigma}}$$

将其带入式(6-15),则可得到折减系数的另一表达式:

$$\psi = \frac{\sigma}{\bar{\sigma}} \tag{6-17}$$

由上面几个式子可以看出,如果折减系数 $\psi=1$,即板的有效宽度就是板的有效宽度 $b_e=b$,这是板失稳前的情况。ψ 越接近 1,则 b_e 与 b 的差值越小,说明板失稳后承载能力的降低得越少。并有:

纵骨架式板的有效宽度计算式:

$$b_e = 0.44b + (b - 0.44b)\psi = 0.44b + 0.56\psi b$$

对于横骨架式板,有:

$$b_e = 0.44a + (b - 0.44a)\psi$$

6.3　骨材的稳定性

船体是由骨材和钢板组合而成的复杂结构体。由于骨材布置的方式不同,形成了不同的船体结构形式。船体横向布置的骨材间距较小,纵向布置的骨材间距较大,这种船体结构称为横骨架式结构;船体横向布置的骨材间距较大,纵向布置的骨材间距较小,这种船体结构称为纵骨架式结构。通常我们研究骨材稳定性时,把骨材与之连接的结构看作是一个系统,骨材的稳定性即杆系稳定性。如船体中甲板纵骨由强横梁支持,因强横梁的刚度远较甲板纵骨大,所以甲板纵骨的稳定性可视为自由支持在刚性支座上的连续压杆的稳定性问题。

由于一般情况下甲板纵骨是等剖面的,强横梁是等间距布置的,故甲板纵骨失稳时会交替出现相反方向波形的变形形状。因为相邻两跨反对称于中间支座,故中间支座处压杆是反曲点,弯矩为零,所以甲板纵骨在中间支座处切开成单跨梁时,断面上无弯矩作用,于

是可化为两端自由支持的单跨压杆来计算。

对不等间距刚性支座上连续压杆的稳定性问题，这里以最简单的双跨压杆来做讨论。如图6－11所示的等剖面双跨压杆，设其在轴向压力作用下处于随遇平衡状态，根据力法原理，设想将压杆在中间支座处切开，并加上弯矩，利用变形连续性条件，这里即转角连续性方程来建立此双跨压杆中性弯曲平衡时的方程。

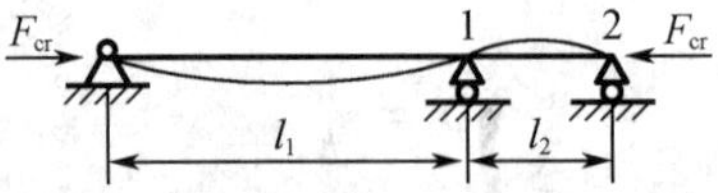

图6－11　自由支持在刚性支座上的连续压杆

对于中间支座的剖面转角连续性方程为

$$\frac{Ml_1}{3EI}3x(u_1) = -\frac{Ml_2}{3EI}3x(u_2) \tag{6-18}$$

式中的 $x(u)$ 是复杂弯曲时的辅助函数，其定义为：

$$\begin{cases} x(u) = \dfrac{1}{u^2} - \dfrac{1}{u \cdot \tan u} \\ u_1 = l_1\sqrt{\dfrac{T}{EI}} \\ u_2 = l_2\sqrt{\dfrac{T}{EI}} \end{cases}$$

因为 $M \neq 0$，故由式(6－18)可得出：

$$l_1 x(u_1) = -l_2 x(u_2) \tag{6-19}$$

式(6－19)中，u 即代表作用在双跨压杆上的压力，解此方程就可得到 u 的根，其中最小的根就对应于此双跨压杆的欧拉力。

经过公式推导，可以看出不等跨度双跨压杆的欧拉力的值，在以这两跨分别作为单跨压杆时的欧拉力之间，即其欧拉力小于小跨度单跨压杆的欧拉力，但大于大跨度单跨压杆的欧拉力，故可把双跨压杆的欧拉范围写为

$$\frac{\pi^2 EI}{l_1^2} < F_{cr} < \frac{\pi^2 EI}{l_2^2} \tag{6-20}$$

当 $l_1 = l_2$ 时，双跨压杆的欧拉力等于一个跨度单跨压杆的欧拉力。只是因为双跨压杆在失稳时的变形形状必然是反对称于中间支座，因此该处压杆是一反曲点，弯矩为零。此时双跨压杆可以化为两根情况完全相同的两端自由支持的单跨压杆来计算，其欧拉力就为

$$F_{cr} = \frac{\pi^2 EI}{l^2}$$

这个结论可以推广到任意多跨连续梁，只要其每个跨度是等距、等断面的，并且两端是自由支持的，这时不论跨度有多少，欧拉力都等于每跨单独时的欧拉力。

6.4 艇体构件稳定性设计

根据结构件稳定性一般知识,CCS 船级社规范要求在满足游艇船体梁强度校核的前提下,需要对游艇的船底板、甲板板和舷侧外板及其纵向骨材进行总纵弯曲受压情况下的稳定性校核。本节依据 CCS 相关规范要求,给出相应的稳定性屈曲极限应力计算和校核要求。

1. 金属矩形板

(1)船底板或甲板板

游艇的船底板或者甲板板的板格理论屈曲应力 σ_E 由下式确定:

$$\sigma_E = 0.9K_c E\left(\frac{t}{s}\right)^2 \tag{6-21}$$

式中 E——材料弹性模数

对铝板,$E = 0.69 \times 105\ \mathrm{N/mm^2}$;

对钢板,$E = 2.06 \times 105\ \mathrm{N/mm^2}$;

t—— 板厚,mm;

s—— 板格短边长度,mm;

K_c——系数,按板格受压方向取值:

如板格受压方向与板格长边方向一致,取 $K_c = 4.0$;

如板格受压方向与板格长边方向垂直,取 $K_c = C\left[1 + \left(\frac{s}{l}\right)^2\right]^2$;

其中:l—— 板格长边长度,mm;

$C = 1.21$ 板格长边的次要骨材是角钢/铝或 T 型材;

$C = 1.10$ 板格长边的次要骨材是球扁钢/铝;

$C = 1.05$ 板格长边的次要骨材是扁钢/铝。

(2)舷侧外板

游艇舷侧外板的理论屈曲应力 σ_E 可以由下式计算:

$$\sigma_E = \frac{7.56}{\varphi + 1.1} E\left(\frac{t}{s}\right)^2 \tag{6-22}$$

式中,φ 为应力分布系数(板的上边应力为 σ,下边为 $\varphi\sigma$),$0 \leqslant \varphi \leqslant 1$。

(3)板的临界屈曲应力

对于板的临界屈曲应力应由下式计算确定:

$$\begin{cases} \sigma_{cr} = \sigma_E & \sigma_E \leqslant \dfrac{\sigma_s}{2} \\ \sigma_{cr} = \sigma_s\left(1 - \dfrac{1}{4}\dfrac{\sigma_s}{\sigma_E}\right) & \sigma_E > \dfrac{\sigma_s}{2} \end{cases} \tag{6-23}$$

式中,σ_E 为理论屈曲应力,$\mathrm{N/mm^2}$,由式(6-21)算得。

(4)板的屈曲校核

对于板的正压应力 σ_1,可由式(4－25)～式(4～27)求出,应不大于按下式计算所得的许用临界屈曲应力 $[\sigma_{cr}]$:

$$[\sigma_{cr}] = \eta\sigma_{cr} \tag{6-24}$$

式中,η 为稳定性安全因子,当 $\frac{s}{t}=60$ 时,$\eta=0.8$;$\frac{s}{t}=120$ 时,$\eta=0.9$;中间值可用插值法确定。

如板格的理论屈曲应力 $\sigma_E<\frac{\sigma_s}{2}$,允许按式(4－25)～式(4～27)计算所得的板的压应力 σ_1 超过临界屈曲应力 σ_{cr},但不得大于按下式计算的板格平均极限应力 σ_u 的0.8倍:

$$\sigma_u = (1-2C)\sigma_E + C\sigma_s \tag{6-25}$$

式中 σ_E—— 板格的理论屈曲应力,N/mm^2,可由式(6－21)和式(6－22)计算;

C——系数,如板格受压方向与板格长边方向一致,取 $C=0.375$;

如板格受压方向与板格长边方向垂直,取 $C=0.75/(l/S+1)$。

2. 金属骨材

(1)带板骨材

对于带板骨材的理论屈曲应力 σ_E 按下式计算:

$$\sigma_E = C\frac{\pi^2 E}{l^2}\cdot\frac{I}{A} \tag{6-26}$$

式中 I——连同带板的骨材剖面惯性矩,cm^4;

A——连同带板的骨材剖面面积,cm^2;

l—— 纵向受压时,为纵向骨材的跨距,cm;

C——骨材端点的固定系数,端点处如有足够尺寸的肘板,可认为该端点刚性固定;如无肘板,则认为该端点简支;

两端简支:$C=1$;

一端简支,一端刚性固定:$C=2$;

两端刚性固定:$C=4$。

在本节中计算主要构件的剖面惯性矩 I 和剖面面积 A 时,对于纵向主要构件应计入其带板有效宽度上纵骨的50%剖面积。

计算连同带板的骨材剖面惯性矩 I 和剖面面积 A 时,带板应采用减缩后的有效宽度 b_e。对于扶强材和主要构件的 b_e 应分别按下面规定计算。

扶强材的带板有效宽度 b_e:

对于扶强材的带板有效宽度的计算公式为

$$b_e = \left(0.44 + 0.56\times\frac{[\sigma_{cr}]}{\sigma_s}\right)s \tag{6-27}$$

式中 $[\sigma_{cr}]$—— 按式(6－23)求得的 σ_{cr} 乘以0.8得到。计算 σ_{cr} 时公式中的 $\sigma_E=11.5E\left(\frac{t}{s}\right)^2$。

主要构件的带板有效宽度 b_e:

$$b_e = Cb \tag{6-28}$$

式中　b——主要构件支承面积的平均宽度,mm;

C——系数,按表6-3确定。

表6-3　系数C

r	a/b							
	0	1	2	3	4	5	6	7
≥6	0.00	0.38	0.67	0.84	0.93	0.97	0.99	1.00
5	0.00	0.33	0.58	0.73	0.84	0.89	0.92	0.93
4	0.00	0.27	0.49	0.63	0.74	0.81	0.85	0.87
≤3	0.00	0.22	0.40	0.52	0.65	0.73	0.78	0.80

注:r——主要构件的跨矩上等间距支承的数量;

a——主要构件的计算跨距,mm,计取如下:

两端简支:$a = l - h$

两端刚性固定:$a = 0.6(l - h)$

式中:h——主要构件的腹板高度,mm;

l——主要构件的跨距,mm。

上述构件的端点处如有足够尺寸的肘板,可认为该端点刚性固定,如无肘板,则认为该端点简支。

(2)构件面板和腹板

对于船艇主要构件的面板和腹板的理论屈曲应力σ_E分别按下式计算:

面板:

$$\sigma_E = 0.38E\left(\frac{t_f}{b_f}\right)^2 \tag{6-29}$$

式中　t_f——主要构件的面板厚度,mm;

b_f——主要构件的面板宽度,mm。

对于T型材取面板宽度的一半。如主要构件的面板较长,可在其跨度范围内装设防倾肘板,此时面板的理论屈曲应力σ_E按下式计算:

$$\sigma_E = 0.38E\left(\frac{t_f}{b_f}\right)^2 + 0.9E\left(\frac{t_f}{l_f}\right)^2 \tag{6-30}$$

式中,l_f为肘板间的面板跨距,mm。

腹板:

$$\sigma_E = 0.38E\left(\frac{t}{h}\right)^2 \tag{6-31}$$

式中　t——主要构件的腹板厚度,mm;

h——主要构件的腹板高度,mm。

(3)屈曲校核

对于扶强材、主要构件以及主要构件的面板与腹板的临界屈曲应力σ_{cr}按下式计算:

$$\begin{cases} \sigma_{cr} = \sigma_E & \sigma_E \leqslant \dfrac{\sigma_s}{2} \\ \sigma_{cr} = \sigma_s\left(1 - \dfrac{1}{4}\dfrac{\sigma_s}{\sigma_E}\right) & \sigma_E > \dfrac{\sigma_s}{2} \end{cases} \tag{6-32}$$

式中，σ_E 为理论屈曲应力，N/mm^2，由式(6－26)、式(6－29～31)算得。

扶强材以及主要构件的面板与腹板的许用临界屈曲应力$[\sigma_{cr}]$按下式计算：

$$[\sigma_{cr}] = 0.8\sigma_{cr} \tag{6-33}$$

主要构件的许用临界屈曲应力$[\sigma_{cr}]$按下式计算：

$$[\sigma_{cr}] = \eta\sigma_{cr} \tag{6-34}$$

式中 σ_{cr}——临界屈曲应力，由式(6－32)求得；

η——稳定性安全因子，$\eta = K/(1 + l/r)$，η 值不必小于0.3：

式中 K—— 系数一般取0.7，如设计载荷主要是动载荷，则取0.6；

r——主要构件的剖面惯性半径，cm；

l——主要构件的跨距，m。

对于骨材的压应力 σ_1，可由式(4－25)～式(4－27)求出，应不大于按式(6－33)和式(6－34)所确定的许用临界屈曲应力$[\sigma_{cr}]$。

3. 纤维增强塑料夹层板

对于使用纤维增强塑料作为艇体材料的构件稳屈曲，应按照下面的方法进行计算和校核。

(1)芯材为聚氨酯(PU)泡沫塑料的夹层板

芯材为聚氨酯(PU)泡沫塑料的夹层板的面板临界屈曲应力 σ_{cr}取式(6－35)和式(6－36)计算值中小者：

$$\sigma_{cr} = 0.5\sqrt[3]{E_f E_c G_c} \tag{6-35}$$

$$\sigma_{cr} = 1.39\gamma^{0.639} G_c \tag{6-36}$$

式中 E_f—— 面板的压缩弹性模量，N/mm^2；

E_c—— 芯材的压缩弹性模量，N/mm^2；

G_c—— 芯材的剪切弹性模量，N/mm^2；

γ —— 两面板厚度中心线的距离与两面板的平均厚度之比，且$6 \leqslant \gamma \leqslant 14$。

(2)芯材为聚氯乙烯(PVC)泡沫塑料的夹层板

芯材为聚氯乙烯(PVC)泡沫塑料的夹层板的面板临界屈曲应力 σ_{cr}取式(6－37)和式(6－38)计算值中小者：

$$\sigma_{cr} = 0.5\sqrt[3]{E_f E_c G_c} \tag{6-37}$$

$$\sigma_{cr} = 1.52\gamma^{0.585} G_c \tag{6-38}$$

式中 E_f，E_c，G_c 和 γ 与式(6－35)和式(6－36)中相同。

(3)许用应力

以上两种夹层面板的计算压应力 σ_1 应不大于按式(6－35)～式(6－38)算得的临界屈曲应力 σ_{cr}的0.3倍，也不应大于面板极限压缩强度 σ_{pnu}的0.3倍。

胶合板芯的夹层板的极限压缩强度 σ_{pnu}按下式计算：

$$\sigma_{pnu} = 0.15\ \sqrt[3]{E_f E_c G_c}$$

式中 E_f,E_c,G_c 和 γ 与式(6－35)和(6－36)中相同。

胶合板芯夹层板的计算压应力 σ_1 应不大于其极限压缩强度 σ_{pnu} 的0.6倍。

【思考与练习】

一、简答题

1. 简述压杆的折算长度含义。

2. 简述板的失稳与“折减系数”。

3. 简述带板的有效宽度含义。

4. 简述船艇构件稳定性设计的主要内容。

5. 简述金属构件腹板和面板的理论屈曲应力计算方法。

二、计算题

1. 分别确定下列甲板纵骨弯曲应力和稳定性计算中的带板宽度,并计算其断面惯性矩。

已知:肋骨间距 $a=500$ mm;纵骨间距 $b=300$ m;纵骨尺寸6号球扁钢;板厚 $t=5$ mm;钢材屈服应力 $\sigma_s=240$ MPa;稳定性计算中的轴向压应力 $\sigma_t=100$ MPa。

2. 试设计一舱壁扶强材,并校核总稳定性。

已知:舱壁板厚度 $t=7$ mm,最小厚度 $t_0=5$ mm,扶强材间距 $c=600$ mm,许用应力 $[\sigma]=0.8\sigma_y$,$\sigma_y=192$ N/mm^2,$[\tau]=0.5[\sigma]$。扶强材的固定情况及水柱高度如图6－12所示。

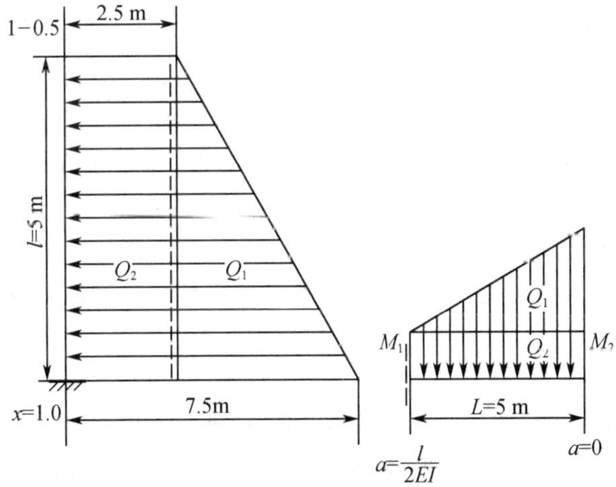

图6－12

第7章　艇体结构设计

【知识要点】

(1)掌握船艇结构设计的一般性原则和骨架结构形式的一般性规定；

(2)了解进行游艇舱室设计和布置的一般性规定；

(3)熟练掌握船体梁结构中的船底板、舷侧和甲板结构设计的原则。

本章依据CCS船级社关于游艇设计的相关要求，给出游艇结构设计的一般性规定。主要内容有一般性要求、舱室布置要求、主结构的总体要求等。

7.1　基本结构设计原则

1. 一般要求

游艇结构设计，需满足CCS《游艇入级与建造规范》。对于高速船艇，其艇体结构应视其适用的航行水域，满足CCS《海上高速船入级与建造规范》或《内河高速船入级与建造规范》的相关要求。但在应用上述高速船规范计算设计载荷时，各设计类别游艇的结构设计有义波高取值，应按第3章6.1中的式(3－40)规定取值，且船东或设计单位在确定游艇全船重心处的垂向设计加速度 a_{cg} 时，可不受上述两本高速船规范对 a_{cg} 的上限限制。

艇体结构设计应确保结构强度和水密完整性能足以承受艇在满载出港装载状态航行时按第3章和第4章节所规定的设计载荷(包括局部设计载荷和船体梁设计载荷)。

2. 结构形式

在进行游艇结构设计时，选用骨架形式要遵循下列主要设计原则：

(1)对 L_{WL} 大于50 m的游艇，其艇体结构通常应采用纵骨架式，且应设置符合有关设计要求的双层底。对 L_{WL} 小于及等于50 m的游艇，其艇体结构可采用纵骨架式或横骨架式或混合架式。

(2) 纵骨架式艇体结构的纵向构件应保持连续。如纵向扶强材在横舱壁处中断时，在横舱壁两侧应设置连接肘板，位于横舱壁两侧的纵向扶强材和肘板均应对齐，以保持结构连续。

(3)横骨架式结构的横向构件亦应尽可能保持连续。如横向扶强材在纵舱壁或纵向主要构件处中断时，也应在扶强材两侧设置肘板，且扶强材和肘板都应对齐，以保持结构连续。

(4)主要构件的布置应确保其强度有效连续。主要构件的截面形状和腹板高度应避免突变。

(5)船底实肋板、舷侧强肋骨和甲板强横梁应在同一横剖面内形成一个环形结构,保持有效连续。

(6)主要构件腹板上如需开孔,开孔边缘应光滑,开孔角隅应为圆角。开孔高度不应超过腹板高度的50%,且开孔边缘离主要构件腹板根部或离主要构件面板的距离均不应小于腹板高度的25%。开孔长度不应超过腹板高度或穿过腹板的两扶强材间距0.6倍(取大者)。开孔的两端应与相邻两扶强材穿过主要构件处保持等间距。主要构件两端附近处不应开孔。

(7)主要构件腹板上的开孔高度如超过腹板高度二分之一时,开孔必须补强。

7.2 舱室布置

1. 舱壁布置

在进行游艇舱室设计和布置时:

(1)通常水密横舱壁应延伸到舱壁甲板。

(2)艇体最前部应设有一水密防撞舱壁。该舱壁通常应向上延伸至舱壁甲板。如游艇设有长艏楼,则应向上延伸至艏楼甲板。防撞舱壁应位于艏垂线之后下列的$\ell(m)$范围内:

无球鼻艏的游艇:

$$\ell(m) = 0.035L \sim (3 + 0.05L) \quad (7-1)$$

对于有球鼻艏的游艇:

$$\ell(m) = (0.035L - f) \sim (3 + 0.05L - f) \quad (7-2)$$

式中　L——垂线间长,m;

f——取$G/2$或$0.015L$的小者。其中G为球鼻艏侧投影的最前端到艏垂线的水平距离,m。

对于位于上述限定范围内的水密防撞舱壁,可以具有阶层或凹入。

(3)机舱的两端应分别设置水密横舱壁。机舱设于船尾的,则艉尖舱的前壁可构成机舱的后水密横舱壁。

2. 液体舱布置

在设计和布置液体舱室时,还需考虑以下要求:

(1)艏尖舱不应用作燃油舱;

(2)淡水舱与其他液舱如废水舱之间,应用隔离舱隔离;

(3) 滑油舱与液压油舱之间,应用隔离舱隔离。

7.3 船体梁结构

船体梁结构主要是指船底结构、舷侧结构和甲板结构。本节针对这三种结构给出设计原则。

1. 船底结构

(1)船底桁材

在进行船底桁材设计时,应符合下列要求:

①通常,船底龙骨或船底纵桁应穿过水密横舱壁,并向艏艉延伸;

②桁材两端(距舱壁1.5倍桁材高度范围内)不应开孔;

③ 作为主机底座的桁材一般应延伸至机舱的前后舱壁,且该桁材应自船底直升到机座面板,并应设置肘板,用于桁材的扶强和防倾;

④推力轴承处的桁材应予以加强。

(2)肋板和肋骨

①机舱的每个肋位都应设置实肋板,在齿轮箱和推力轴承处须另行加强。

②对于纵骨架式艇体,船底肋板的腹板高度一般不小于纵骨穿过处开孔高度的2.5倍;舷侧强肋骨及甲板强横梁的腹板高度一般不小于纵骨穿过处开孔高度的2.2倍。

(3)双层底

①如设有双层底,双层底的高度应确保能通达双层底下的各个部分,在中内龙骨处的双层底高度不应小于0.7 m。

②双层底区域的结构与相邻单底的结构之间应逐渐过渡,双层底的内底板应逐渐过渡为单底区域船底纵桁的面板。

③双层底高度如有变化,则应在足够长度范围内逐渐变化,但不得在船中0.5 L_{WL}区域内变化。

2. 舷侧和甲板结构

(1)舷侧结构

①如舷顶列板为圆弧形,则圆弧半径应不小于舷顶列板板厚的15倍。

②舷侧壳板上开孔的角隅应为圆形,开孔位置应避开上层建筑两端部位置。开孔周围应予以补强。

(2)甲板结构

①凡船中0.5L_{WL}区域内的强力甲板上有较大开口时,开口角隅的形状应为抛物线或椭圆形,并符合图7-1的规定。如开口角隅为圆形,则角隅处要求加厚板,且角隅半径与开口宽度之比不小于1/20。加厚板的尺寸应符合图7-2的规定。加厚板的厚度应不小于该处强力甲板板厚的1.5倍。

②甲板上如设有吊杆、桅杆或者重物,则该处的甲板及支持结构应做适当地加强。

③露天甲板上如设有游泳池、沐浴池及尾阱等,除应保证其水密外,还应注意保证该处甲板结构的连续性,避免因结构突变而产生的应力集中。

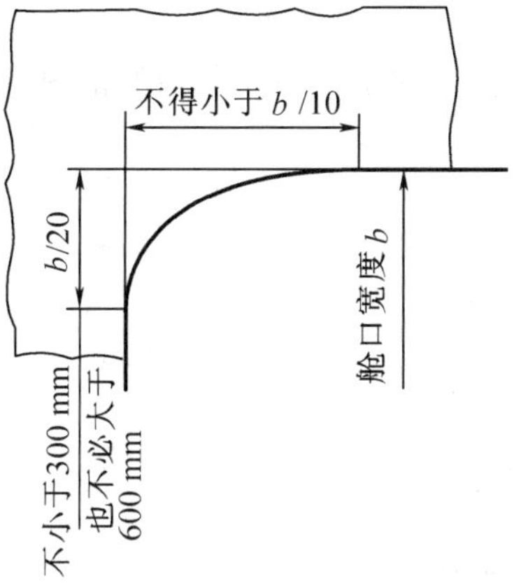

图 7－1 甲板开口

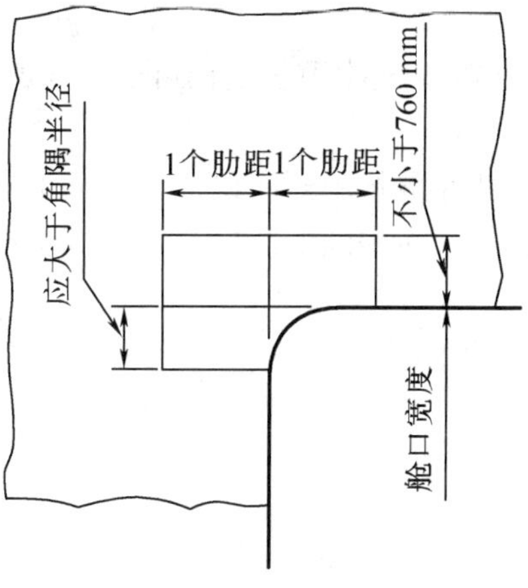

图 7－2 甲板开口加厚板

3. 其他结构

（1）艏艉端结构

①艇体首、尾端的结构布置应特别注意保证结构强度的连续性和避免结构突变。

②如设有球鼻艏，则球鼻艏的弯曲部分应位于防撞舱壁之前。球鼻艏的前端结构通常应由艏柱下伸的中纵桁与若干水平隔板构成。球鼻艏的横向垂直隔板应与艏尖舱的肋骨位于同一平面。

③球鼻艏易受锚及其锚链损伤部位的壳板应予以加厚。

（2）上层建筑和甲板室

① 露天甲板上第 1 层上层建筑/甲板室的前、后端壁应尽可能与该甲板下的横舱壁对齐。如不切实际，则端壁处应有甲板下的强横梁或支柱支持。第一层上层建筑/甲板室的侧壁端部应与主船体结构平滑过渡。

②上层建筑/甲板室的端部处应注意与主船体结构平滑过渡，避免应力集中。

③距甲板室四个角隅的 0.5 m 范围内，围壁下的纵桁和强横梁的腹板上不能有任何开孔。

④上层建筑/甲板室上如设有吊杆、桅杆或者重物，则该处的结构应予以适当加强。

⑤对于艇体为钢质上层建筑/甲板室为铝合金的游艇，其上层建筑/甲板室和船体之间应采用 CCS 认可的铝－钢过渡接头连接。如采用铆接，应采取避免两者产生电化腐蚀的措施。

【思考与练习】

一、简答题

1. 简述游艇骨架结构设计的一般性原则。
2. 简述游艇舱壁布置的规定。
3. 简述船底板结构设计要求。
4. 简述舷侧结构设计要求。

5. 简述甲板结构设计要求。

二、计算题

1. 已知型材剖面的尺寸如图 7－3 所示。试计算在下述情况下小翼板的剖面模数的变化情况：

（1）当小翼板的剖面积 f_1 增加到 1 cm^2 时；

（2）当大翼板的剖面积 f_2 增加到 1 cm^2 时。

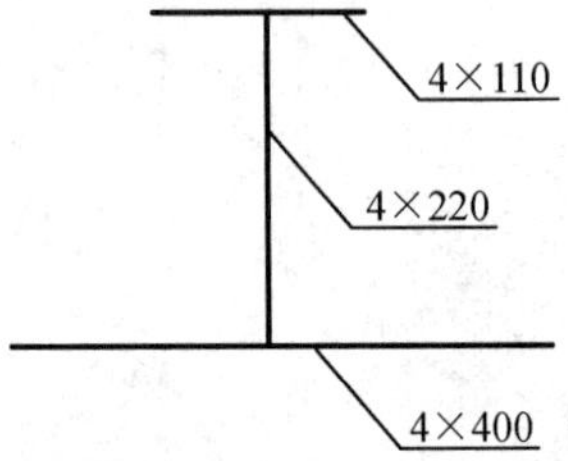

图 7－3　第 1 题图

2. 已知船长 $L=100$ m，船宽 $B=16$ m，型深 $D=8$ m，吃水 $d=5.0$ m；肋板间距 $s=1.5$ m，纵桁间距 $c=3.0$，材料屈服极限 $\sigma_Y=400$ N/mm^2，船底板相当厚度 $\sigma_0=14$ mm，作用在船底板上的水柱高度 $H=10$ m。试据上述条件，设计一纵骨架式船底结构（假定中和轴距船底 4.0 m）。

3. 某艇船长 $L=92$ m，船宽 $B=22$ m，型深 $D=12$ m，吃水 $d=6.5$ m，系数 $C=1.0$。船体双层底采用纵骨架式，双层底内的肋骨间距为 $l=500$ mm，纵骨间距 $s=750$ mm。

（1）试确定双层底在船中 0.4L 区域内的船底板、平板龙骨和舭列板的尺寸；

（2）试确定双层底的箱形中桁材的侧板厚度。

第 8 章　构件尺寸设计

【知识要点】

（1）熟练掌握金属艇体构件尺寸的设计原则和设计步骤；

（2）熟练掌握纤维增强塑料艇体构件尺寸设计方法。

本章将根据前面关于强度和稳定性知识，按照 CCS 船级社对游艇构件的尺寸设计要求，研究金属船艇和纤维增强塑料船艇的构件尺寸的计算方法和确定。

8.1　金属艇体的构件尺寸

1. 一般规定

本节给出的以铝合金和钢为材料的艇体结构构件尺寸计算方法，首先应符合第 4 章船体梁强度、第 5 章局部强度以及第 6 章构件稳定性的相关要求。

运用本节计算所获得的板厚，对于厚度等于或大于 4 mm 的板，如小数等于或小于 0.25 mm，可予不计；如大于 0.25 mm 且小于 0.75 mm，应进为 0.5 mm；如等于或大于 0.75 mm，应进为 1.0 mm。对于厚度小于 4 mm 的板，如小数等于或小于 0.15 mm，可予不计；如大于 0.15 mm 且小于 0.65 mm，应进为 0.5 mm；如等于或大于 0.65 mm，应进为 1.0 mm。

符号与定义：

（1）计算中的局部设计载荷 P_R（kN/m²）按第 5 章中相关规定所确定的载荷。

（2）t 为按照规范要求的板厚（mm）。

（3）骨材间距 s（m）：对于扶强材取相邻两扶强材的间距，对于主要构件取其承载面积的平均宽度。

（4）骨材跨距 l（m）：对于扶强材，当其端部不设置肘板时，扶强材跨距点取在扶强材端部。当其端部设置肘板时，跨距点可取在肘板长度一半处。主要构件端部通常设有肘板，则其跨距点应按图 8－1 所示，取在离该主要构件端部 k_e 距离处，按式（8－1）计算。如主要构件有支柱支撑时，支柱支撑点可作为该主要构件的跨距点。

$$k_e = k_b\left(1 - \frac{d_w}{d_b}\right) \tag{8-1}$$

（5）规范要求的骨材剖面模数 W（cm³）：计算时应计入按下述（6）确定的有效宽度 b_e 的带板，带板厚度应取有效带板宽度范围内板厚的平均值。

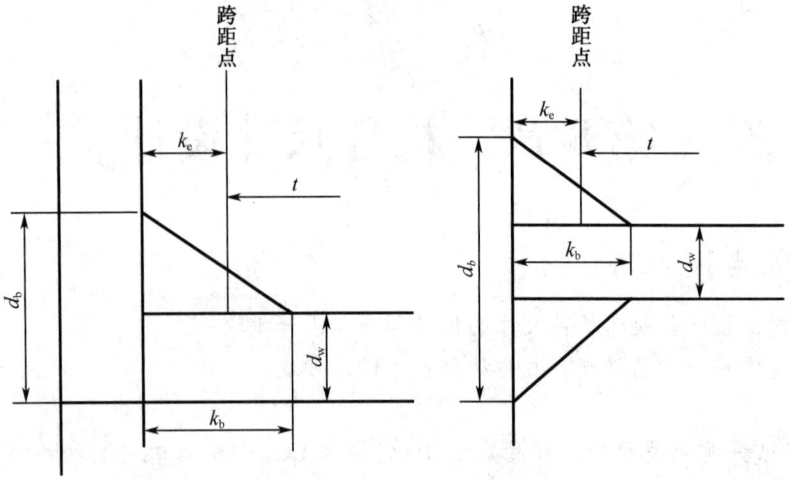

图 8-1 端部肘板节点

(6)带板有效宽度 b_e(m):

对于扶强材:取 $b_e=s$,但不大于 $l/5$;

对于主要构件:取 $b_e=0.3\sqrt[3]{\left(\frac{l}{s}\right)^2}s$,但不大于 1/5 。

(7)材料屈服强度 σ_s(N/mm^2):对于钢材,见 CCS《材料与焊接规范》的有关规定。普通船用钢,取 $\sigma_s=235\ N/mm^2$。对于铝材,取 $\sigma_s=\sigma_{p0.2}$,见 CCS《材料与焊接规范》的有关规定。

(8)材料焊接后的屈服强度 σ_{SW}(N/mm^2):对于钢材,取 $\sigma_{SW}=\sigma_S$。对于铝材,取退火状态的屈服强度 $\sigma_{p0.2}$,见 CCS《材料与焊接规范》的有关规定。

2. 最低要求

(1)全船最小板厚

对于金属艇的板厚,在设计时,应至少不小于按照下式给出的板厚 t_{min}。

$$t_{min}=K_0\sqrt[3]{L_{WL}} \tag{8-2}$$

式中,K_0 为系数,查表 8-1。

表 8-1 系数 K_0

构件名称	K_0	
	钢质	铝质
船底板	1.40	1.55
舷侧板*	1.30	1.40
强力甲板板	1.10(不小于 3 mm) 1.30(横骨架式)	1.40 1.50(横骨架式)
非露天甲板板	0.90	1.16

表 8-1(续)

构件名称		K_0	
		钢质	铝质
水密舱壁板 液舱舱壁板		1.00	1.16
上层建筑、甲板室	前端壁	1.20	1.30
	侧壁、后壁	0.86	0.92
	顶板	0.86(不小于 2 mm)	0.80
主机座		1.90	1.90

注:* 设计水线以上 0.15 m 处以下的舷侧板最小板厚系数,应按船底板最小板厚系数取值。

(2)船底组合型材

船底组合型材(包括机座)须满足下列要求:

①面板最小板厚 t_{min}

船底组合型材面板 t_{min} 应不小于按下式计算所得之值:

$$t_{min} = \frac{b}{16} \tag{8-3}$$

式中,b 为面板宽度,mm。

②腹板最小板厚 t

船底组合型材腹板 t_{min} 应不小于按下式计算所得之值:

$$\begin{cases} 钢质: \quad t_{min} = \dfrac{h}{65} \geqslant 2.5 \\ 铝合金: \quad t_{min} = \dfrac{h}{50} \geqslant 3.0 \end{cases} \tag{8-4}$$

式中,h 为腹板高度,mm。

(3)甲板支柱

甲板支柱应满足以下要求:

①不论管形支柱或组合型支柱,其最小壁厚应不小于 4 mm。

②钢质甲板支柱应满足 CCS《钢质海船入级与建造规范》的相应规定。

③铝质甲板支柱的许用载荷 P 应按下式计算:

$$P = A\left(6 - 0.0349\frac{l}{r}\right)\sigma_s \times 10^{-2} \tag{8-5}$$

式中　A——支柱的剖面面积,cm^2;

l——支柱长度,cm;

r——支柱剖面最小惯性半径,cm。

3. 确定板厚

(1)板厚的一般计算公式

板厚 t 由板的弯曲强度确定,按下述公式计算:

$$t = K_1 C_1 C_2 s \sqrt{\frac{P_R}{\sigma_{sw}}} \tag{8-6}$$

式中 C_1—— 曲面修正系数，$C_1 = 1 - 0.5s/r$，r 为板的曲率半径，m；

C_2—— 板格长边 ℓ 与短边 s 之比的修正系数，按如下取值：

$$\begin{cases} C_2 = \dfrac{\ell}{s}\left(1 - 0.25\dfrac{\ell}{s}\right), & \dfrac{\ell}{s} \leqslant 2 \\ C_2 = 1.0, & \dfrac{\ell}{s} > 2 \end{cases} \tag{8-7}$$

K_1——系数，按不同部位确定：

$K_1 = 24.3$，所有船底部位以及船首区域（$x = 0.75L_{WL}$ 之前）的舷侧部位；

$K_1 = 22.4$，水密舱壁和防撞舱壁；

$K_1 = 27.8$，深油舱/深水舱的舱壁以及第 1 层上层建筑/甲板室的前端壁；

$K_1 = 25.8$，其他部位。

（2）艇体壳板

艇体壳板还应符合如下其他规定：

①平板龙骨的板厚应较其邻近的船底板增加 2 mm。平板龙骨的宽度应不小于 $0.1B$。

②舭部板厚应不小于邻近的船底板强度要求的板厚。

③船尾或艉封板的板厚应不小于该处船底板厚。

④艇体尾部螺旋桨上方和舵柱附近区域的外板应适当加厚。

⑤如具有艏楼，而艏楼的后端壁位于艏垂线后 $0.25L_{WL}$ 处或之后，则露天甲板在艏楼后端壁处的板厚应增加 20%。如艏楼的后端壁位于艏垂线后 $0.2L_{WL}$ 处或之前，则露天甲板在艏楼后端壁处的板厚不必增加。如艏楼的后端壁位于艏垂线后 $0.2L_{WL} \sim 0.25L_{WL}$ 处，则露天甲板在艏楼后端壁处应增加的板厚，可内插确定。

4. 骨材剖面模数

骨材剖面模数 W 由弯曲强度确定，按如下公式计算：

$$W = K_2 \frac{l^2 s P_R}{\sigma_{sw}} \tag{8-8}$$

式中 K_2——系数，按不同部位确定：

$K_2 = 115$ 所有船底部位以及船首区域（$x = 0.75L_{WL}$ 之前）舷侧部位的扶强材；

$K_2 = 133$ 船首之外区域（$x = 0$ 至 $0.75L_{WL}$）的舷侧部位的扶强材；

$K_2 = 130$ 强力甲板的纵向扶强材；

$K_2 = 142$ 其他甲板（包括上层建筑/甲板室定板）的纵向扶强材；

$K_2 = 110$ 水密舱壁的垂向扶强材及主要构件；

$K_2 = 150$ 深油舱或深水舱的舱壁垂向扶强材；

$K_2 = 133$ 上层建筑/甲板室围壁上的垂向扶强材；

$K_2 = 150$ 所有主要构件（水密舱壁上的除外），以及横骨架式结构的横向扶强材（$x = 0$ 至 $0.75L_{WL}$ 区域的舷侧部位的扶强材除外）；

σ_{sw}—— 材料焊接后的屈服强度，见“一般规定中”符号与说明（8）。确定铝合金艇体主要构件剖面模数时，除船底部位的主要构件外，对于其他部位的主要构件均可采用材料未焊接时的屈服强度 σ_s。

5. 骨材端部有效剪切面积

(1)扶强材端部有效剪切面积

扶强材等骨材端部的有效剪切面积 A_e 由剪切强度确定,应不小于按下式计算所得 A_{emin}(有效剪切面积的最小值)之值:

$$A_{emin} = 22.67\frac{(l-s)sP_R}{\sigma_{sw}} \tag{8-9}$$

A_e 按下式计算:

$$A_e = 0.01ht \tag{8-10}$$

式中　h—— 扶强材的腹板高度,mm;

t—— 扶强材的腹板厚度,mm。

(2)构件端部有效剪切面积

主要构件端部的有效剪切面积 A_e 由剪切强度确定,应不小于按下式计算所得 A_{emin} 之值:

$$A_{emin} = 13.5\frac{slP_R}{\sigma_{sw}} \tag{8-11}$$

A_e 按下式计算:

$$\begin{cases} A_e = 0.01h_wt_w, & \text{端部无肘板} \\ A_e = 0.01h_wt_w + \Delta A_e, & \text{端部有肘板} \end{cases} \tag{8-12}$$

式中　h_w——计算剖面处减去开孔后的腹板实效高度,mm;

t_w——腹板厚度,mm;

ΔA_e——端部有肘板时的附加剪切面积,cm^2,按肘板面板的水平倾角 θ 取值,见图 8-2。

$\theta = 45°$时,$\Delta A_e = 0.9f_1$;

$\theta = 0°$时,$\Delta A_e = 0$;

θ 为中间值,可用插入法求取 ΔA_e;

f_1 为计算剖面处肘板面板的截面积,cm^2。

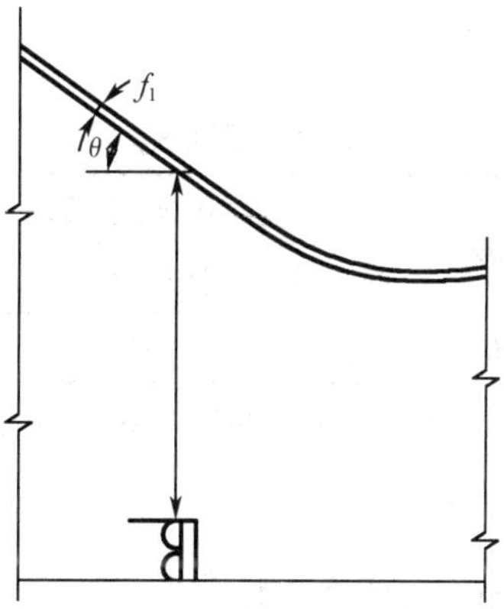

图 8-2　肘板附加面积

8.2 纤维增强塑料艇体构件尺寸

1. 一般规定

凡以纤维增强塑料为材料的艇体结构，其构件尺寸除应符合本节规定外，还应满足第 4 章船体梁强度、第 5 章局部强度以及第 6 章构件稳定性的相关要求。

(1) 考虑到非金属艇的强度问题，艇体构件尺寸仅适用于 L_{WL} 为 60 m 及以下的游艇。

(2) 本节规定的艇体构件尺寸均应以层板的两个主方向上弹性模量之差不超过 20% 为基准。

(3) 以玻璃纤维及其制品增强的船用层板试件性能应不低于 CCS《材料与焊接规范》相关要求。

(4) 推荐使用以纤维短切毡和无捻粗纱正交布交替铺糊成型的层板。

符号与定义：

(1) 计算中的局部设计载荷 P_R (kN/m^2) 按第 5 章中相关规定所确定的载荷；

(2) t 为按照规范要求的板厚（mm）；

(3) 骨材间距 s(m)：对于扶强材取相邻两扶强材的间距，对于主要构件取其承载面积的平均宽度；

(4) 骨材跨距 l(m)：对于扶强材，当其端部不设置肘板时，扶强材跨距点取在扶强材端部。当其端部设置肘板时，跨距点可取在肘板长度一半处。对于主要构件，跨距点通常取在该处结构受力时既不发生位移，又不会转动之处。如主要构件端部设有肘板，则其跨距点应按图 8-1 所示计算。

2. 最低要求

(1) 单板结构层板最小板厚

单板结构层板的最小板厚 t_{min} 按下式计算：

$$t_{min} = K_0 \sqrt{L_{WL}} \tag{8-13}$$

式中 K_0——系数，由表 8-3 查取；

L_{WL}——水线长，m。

表 8-3 系数 K_0

部位	船底板	舷侧板	甲板板	上层建筑、甲板室			舱壁板	
				前端壁	侧后壁	顶板	水密舱	防撞舱、液舱
K_0	1.30	1.15	1.00	1.00	0.85	0.85	1.10	1.20

注：* 设计水线以上 0.15 m 处以下的舷侧板最小板厚系数，应按船底板最小板厚系数取值。

(2) 夹层板面板的最小厚度

夹层板面板的最小厚度（单面）t_{min} 按下式计算：

$$\begin{cases} t_{min} = K_1 \sqrt{L_{WL}}, & \text{且不小于 2.0 mm，外露甲板} \\ t_{min} = K_1 \sqrt{L_{WL}} - 0.5, & \text{且不小于 1.5mm，被保护面板} \end{cases} \tag{8-14}$$

式中 K_1——系数，由表 8－4 查取；

L_{WL}——水线长，m。

表 8－4 系数 K_1

部位	船底板	舷侧板	甲板板	上层建筑、甲板室			舱壁板	
				前端壁	侧后壁	顶板	水密舱	防撞舱、液舱
K_1	0.6	0.5	0.45	0.45	0.35	0.35	0.40	0.45

注："外露面板"系指板的一个侧面持续受到液体的浸沉或可能受到局部机械磨损或冲击载荷。"被保护面板"系指板的一个侧面不承受上述载荷。

3. 层板厚度的计算

（1）单板结构层板的厚度

单板结构层板的厚度 t 应不小于按下式计算所得之值：

$$t = 44.8 C_1 C_2 s \sqrt{\frac{P_R}{\sigma_{fnu}}} \qquad (8-15)$$

式中 C_1—— 曲面修正系数，$C_1 = 1 - 0.5s/r$，r 为板的曲率半径，m；

C_2——板格长边 ℓ 与短边 s 之比的修正系数，按如下取值：

$$\begin{cases} C_2 = \dfrac{\ell}{s}\left(1 - 0.25\dfrac{\ell}{s}\right), & \dfrac{\ell}{s} \leqslant 2 \\ C_2 = 1.0, & \dfrac{\ell}{s} > 2 \end{cases} \qquad (8-16)$$

σ_{fnu}——层板的极限弯曲强度，N/mm²。

（2）夹层板的总厚度

夹层板的总厚度 t 应不小于按下式计算所得之值：

$$t = \frac{1.428}{K}\left(1 + \frac{1}{\gamma}\right)\frac{sP_R}{\tau_c} \qquad (8-17)$$

式中 γ—— 两面板厚度中心线的距离与两面板的平均厚度之比，且 $6 \leqslant \gamma \leqslant 14$；

τ_c—— 夹层板芯材的极限剪切强度，N/mm²；

P_R——设计载荷；

K——系数，对聚氨酯泡沫塑料芯材夹层板，$K = 1.86 - 0.06\gamma$，取 K 不小于 1；对聚氯乙烯泡沫塑料芯材夹层板，$K = 1.95 - 0.079\gamma$，取不小于 1；

对胶合板芯材夹层板，K 取 1.0；对其他芯材夹层板，K 另行考虑。

（3）其他板厚说明

①平板龙骨的宽度应不小于 $0.1B$（B 为船宽），其厚度应较其邻近的船底板厚度增加 2 mm，且尽可能在整个船长内保持不变。

②船尾或艉封板的板厚应不小于该处船底板厚。

③艇体尾部螺旋桨上方和舵柱附近区域的外板应适当加厚。

4. 骨材的弯曲强度

艇体骨材的剖面模数 W 应不小于按下式计算所得之值：

$$W = K\frac{l^2 sP_R}{\sigma_{fnu}} \quad (8-18)$$

式中 σ_{fnu}——层板的极限弯曲强度，N/mm^2；

K——系数，由表8－5查取。

表8－5 系数 K

部位	K	
	纵桁、强肋骨、实肋板、强横梁	纵骨、肋板、肋骨、横梁、扶强材
船底	480	400
舷侧	480	400
甲板	480	400
上层建筑	480	400
水密舱壁	480	400
液体舱壁、防撞舱壁	480	480

各构件剖面模数的要求值均为连带板的最小要求值。构件带板有效宽度 b_e 按下述规定选取：

（1）带板为单层板时，取式（8－19）算得的小者：

$$\begin{cases} b_e = S \\ b_e = 23t + b_s \end{cases} \quad (8-19)$$

（2）带板为夹层板：

①如芯材为泡沫塑料、轻木等无效芯材时，取下列算得的小者：

$$\begin{cases} b_e = S \\ b_e = 11d \end{cases} \quad (8-20)$$

②如芯材为胶合板等有效芯材时，取下列算得的小者：

$$\begin{cases} b_e = S \\ b_e = 35d \end{cases} \quad (8-21)$$

式中 t——带板的总厚度，mm；

d——带板的两面板厚度中心线的距离，mm；

b_s——骨材的净宽度，mm。

骨材若采用松木、胶合板等有效材料作芯材时，其剖面模数的计算可计入芯材的影响，芯材的剖面积应乘以芯材的弯曲弹性模量与层板材料的弯曲弹性模量之比。

主机基座的结构应具有足够的强度和刚性。基座纵桁应根据主机功率的大小予以加强。基座纵桁应在每个肋位处设置横隔板和横肘板，以确保有效支承。

5. 骨材剪切强度

桁材的有效腹板面积 A_e 按下式计算：

$$\begin{cases} A_e = 0.01h_w t_w, & \text{端部无肘板} \\ A_e = 0.01h_w t_w + \Delta A_e, & \text{端部有肘板} \end{cases} \quad (8-22)$$

式中 h_w——计算剖面处减去开孔后的腹板实效高度,mm;

t_w——纤维增强塑料腹板的总厚度,mm;

ΔA_e——端部有肘板时的附加剪切面积,cm^2,按肘板面板的水平倾角 θ 取值,见图 8-2;

$\theta=45°$时,$\Delta A_e=0.9f_1$;

$\theta=0°$时,$\Delta A_e=0$;

θ 为中间值,可用插入法求取 ΔA_e;

f_1 为计算剖面处肘板面板的截面积,cm^2。

按式(8-22)计算所得的有效腹板面积 A_e 应不小于按下式计算所得之 A_{emin} 值:

$$A_{emin}=\frac{25.5slP_R}{\tau_u} \tag{8-23}$$

式中,τ_u 为夹层板的极限剪切强度,N/mm^2。

【思考与练习】

一、简答题

1. 简述艇体板厚的最低计算式。
2. 简述艇体构件板厚的计算原则。
3. 简述骨材剖面模数。
4. 简述骨材端部有效剪切面积。

二、计算题

1. 已知某游艇船底板厚度 $t=8$ mm,船底纵骨为 22a 号球扁钢。试计算该纵骨(含带板)的剖面要素(带板厚度 $b=60$ cm)。

2. 试对下述船艇计算中剖面相当厚度。

已知:船长 $L=140$ m;船宽 $B=18$ m;吃水 $d=7.5$ m;型深 $D=11$ m;方形系数 $C_B=0.7$;水线面系 $C_{WL}=0.8$;横舱壁间距 $l=15$ m;肋距 $s=0.6$ m;肋板间距 $a=2.0$ m;双层底高度 $h=1.2$ m。船体中剖面如图 8-3 所示。计算弯矩 $M=5.83\times10^5$ kN·m。

给定纵向构件尺寸:

下甲板厚 $t=9$ mm;

甲板纵桁剖面积 $F_1=100$ cm^2,$F_2=90$ cm^2

船体材料屈服极限 s $\sigma_Y=300$ N/mm^2

$$\text{许用应力}\begin{cases}[\sigma_1]=163\ N/mm^2\\ [\sigma_1+\sigma_2]=180\ N/mm^2(\text{在跨中})\end{cases}$$

假定中和轴 $e_1=0.45D=4.95$ m

3. 设规范对某艇主肋骨所要求的剖面模数 $W=1\,200$ cm^3,要求的剖面惯性矩 $I=17\,640$ cm^4,已知此艇舷侧外板厚度 $t_2=10$ mm,肋距 $s=500$ mm,主肋骨跨距 $l=3$ m,试设计此主肋骨用 T 型材的剖面尺寸。

4. 某艇船长 $L=92$ m,船宽 $B=22$ m,型深 $D=12$ m,吃水 $d=6.5$ m,系数 $C=1.0$。船体双层底采用纵骨架式,双层底内的肋骨间距为 $l=500$ mm,纵骨间距 $s=750$ mm。试确定船底纵骨剖面尺寸。

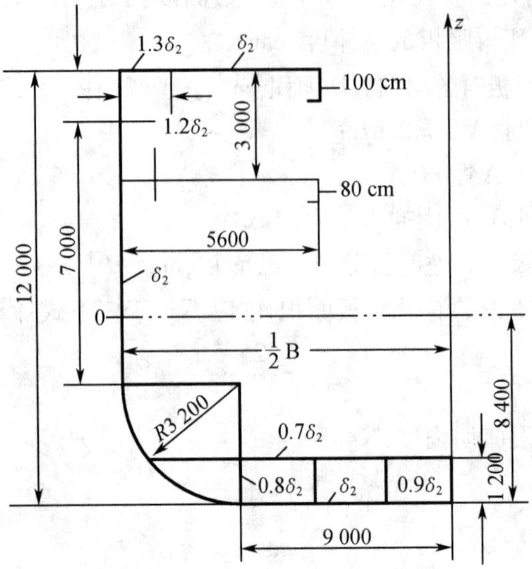

图 8 - 3 某艇横剖面尺寸示意图

5. 某艇船长 $L = 92$ m，船宽 $B = 22$ m，型深 $D = 12$ m，吃水 $d = 6.5$ m。已知主肋骨跨距 $l = 4.5$ m，肋骨间距 $s = 500$，无舷侧纵桁，舷侧外板厚度 $t = 12$ mm。肋骨跨距中点量至舱顶的垂直距离最大值为 $h = 8.2$ m。试设计船艇船中 0.4L 区域内横骨架式舷侧主肋骨剖面尺寸。

第9章　其他结构设计

【知识要点】

1. 了解游艇艉轴架设计一般要求；
2. 熟悉铝合金游艇焊接设计一般性原则；
3. 掌握不同焊缝形式的不同要求和规定；
4. 了解门、窗和盖的设计的一般性规定。

本章依据 CCS 船级社关于游艇设计规范的相关规定讨论艉轴架、金属艇体焊缝以及部分舾装件的设计。

9.1　艉　轴　架

艉轴架作为一种重要船体附属结构，既需要符合其流体动力学的性能要求，同时考虑其结构受力特征，在设计时必须有充分的强度裕度。下面按照 CCS 对艉轴架的设计做出如下说明。

(1)不论单臂艉轴架或双臂艉轴架，其臂的截面通常都采用截面长度与厚度之比约为 4～5 的拱形剖面或翼形剖面。对于此种臂截面的单臂艉轴架或双臂艉轴架，其尺寸应满足点(2)至(6)所列要求。

(2)单臂艉轴架根部截面对其长轴 $x-x$ 的剖面模数 Z_{xx} 应不小于按下式计算所得之值：

$$Z_{xx} = 2.23Kd_s^2 l \times 10^{-5} \tag{9-1}$$

式中　K——艉轴架的材料系数，$K=400/\sigma_t$，其中 σ_t 是艉轴架材料的抗拉强度；

d_s——艉轴的规范直径，mm，按下式计算：

$d_s = 128\sqrt[3]{N_e/n_e}$

其中，N_e 为艉轴传递的额定功率，kW；n_e 为尾轴传递 Ne 时的每分钟转速，r/min；

l——单臂艉轴架臂的长度，mm，从艉轴架根部截面的形心量至艉轴架轴毂中心。

(3)单臂艉轴架长度方向上臂的任何截面积不得小于根部截面积的60%。

(4)如采用双臂艉轴架，双臂夹角应不小于50°。双臂的任何拱形/翼形剖面的厚度 t 应不小于下式计算所得之值：

$$t = 2.24K^{0.5}d_s\left[1+\left(1+\frac{0.0112l^2}{Kd_s^2}\right)^{0.5}\right]^{0.5} \times 10^{-2} \tag{9-2}$$

式中 l——双臂中较长臂的长度，mm，从艉轴架根部截面的形心量至艉轴架轴毂中心；

K 和 d_s 同式(9－1)。

(5)双臂艉轴架双臂的任何拱形/翼形剖面，对其长轴 $x-x$ 的剖面模数 Z_{xx} 应不小于按下式计算所得之值：

$$Z_{xx} = 0.45t^3 \tag{9-3}$$

式中，t 为按式(9－2)计算所得的剖面厚度，cm。

(6)对于空心臂的艉轴架，其臂在根部处和轴毂处的截面积，都应不小于剖面模数满足上述要求的实心臂艉轴架的臂在根部处和轴毂处的截面积。

(7)不论采用双臂艉轴架还是单臂艉轴架，其轴毂尺寸应不小于按下列各式计算所得之值：

轴毂厚度：

$$t = 0.2d_W(K_1 + 0.25) \tag{9-4}$$

轴毂长度：

$$l = 3.0d_W \tag{9-5}$$

式中 d_W——艉轴架处的尾轴直径，mm；

$K_1 = \sigma_{tw}/\sigma_{tb}$，其中 σ_{tw} 为艉轴材料的抗拉强度，σ_{tb} 为轴毂材料的抗拉强度。

(8)不论双臂艉轴架还是单臂艉轴架，其根部穿入艇体应与艇体底部的加强肋骨或桁材相连接。如采用双臂艉轴架，支臂插入艇体处的船壳板板厚应不小于该处邻近壳板厚度的1.5倍。如采用单臂艉轴架，轴架插入艇体处的船壳板板厚应不小于邻近壳板厚度的2倍。如艉轴架与艇体的连接采用其他形式，则需经CCS认可。

(9)如采用单臂艉轴架，则可采用CCS的“船上振动控制指南”的近似计算方法，计算艉轴架的固有振动频率。计算所得的固有振动频率应比螺旋桨叶频高80%。如采用有限元方法计算，则计算所得的艉轴架横向第一谐固有振动频率应比螺旋桨叶频高20%。

对于游艇安装的侧推装置结构在设计时需要注意以下事项：

(1)侧推装置应安装在一个独立的水密隔舱内。

(2)侧推装置的管隧结构强度应与其邻近的艇体壳板的强度相当。管隧壁的厚应不小于：

钢质艇体，较邻近船壳板加厚2 mm或10%，取大者，且不应小于7 mm；

铝质艇体，较邻近船壳板加厚1 mm或10%，取大者，且不应小于8 mm；

纤维增强塑料艇体，较邻近船壳板加厚25%，且不应小于8 mm。

(3)侧推装置的金属管隧与金属艇体的连接应采用深熔焊。连接处的艇体壳板应局部加厚50%。

(4)对于黏结连接的纤维增强塑料管隧，应采取措施使管隧的内外都完全与艇体壳板黏结成为一个整体。黏结前，黏结区域应充分打磨，并除尽杂物。

9.2 焊缝设计

1. 一般要求

对于金属船艇，焊缝的规范要求与结构同等重要。本节将针对钢质船艇和铝合金船艇对焊缝要求，依据 CCS 相关规范，给出焊缝的设计要求和说明。

本节规定适用于金属材料制成的游艇的一般艇体结构和构件的焊缝设计，特殊结构应另行考虑。

钢质游艇艇体结构的焊缝设计应按照 CCS《钢质海船入级规范》有关焊缝的设计规定。

铝质游艇一般艇体结构的焊缝设计应按照本节以下的规定，特殊结构应另行考虑。艇体结构的焊接工艺应符合 CCS《材料与焊接规范》的有关规定。

对于主船体为钢质，上层建筑/甲板室为铝合金的混合艇体结构的游艇，铝质上层建筑/甲板室围壁与钢质艇体的上甲板之间，应采用 CCS 认可的铝－钢过渡接头连接。

2. 铝合金焊接结构设计一般原则

(1)接缝的布置应注意结构的连续性，并使整个结构的拘束度降至最小。同时应考虑便于焊接与铆接施工以及检查的方便。

(2)应当避免将艇体结构的接缝设计在应力最大或易产生应力集中的区域。结构截面突变处应有足够的过渡区域，尽量避免接缝过分集中。

(3)下列结构处通常应采用双面连续焊缝：

①中桁材与平板龙骨的连接焊缝；

②机器基座与支撑结构的连接焊缝；

③油密、水密结构周界的连接焊缝；

④舵机处所有结构的连接焊缝；

⑤处于冲击区域内的底部和首部结构焊缝；

⑥扶强材、支柱、横撑材和桁材的支承及端部的连接焊缝；

⑦螺旋桨上方处，至少为螺旋桨直径的 1.5 倍的半径区域范围内的所有构件连接焊缝；

⑧肘板与邻接桁材或其他结构部件的连接焊缝；

⑨承受较大剪应力的桁材腹板端部的连接焊缝；

⑩肘板与舱壁板的连接焊缝。

(4)当采用钢铝成形接头时，应考虑接头的承载能力，尽量减少成形接头的正应力水平。

(5)焊接铝合金的填充材料的强度、延性和抗蚀性能应与原材料相匹配。

3. 焊缝设计

(1)对接焊缝的设计

对接焊缝一般均应为全焊透焊缝。对承受较低应力的结构，在双面焊接无法实施时，在保证质量的前提下，经 CCS 同意允许单面垫板焊接。

当全焊透焊缝采用弧焊方法进行焊接时，板厚在 5 mm 以下可以不开坡口焊接；8 mm 以上应开坡口焊接；坡口角度一般为 60° ~ 90°；钝边为 1.5 ~ 3 mm；间隙在 0 ~ 4 mm 之间。

(2)搭接焊缝和定位焊缝的设计

搭接接头通常不能用于传递拉伸或压缩载荷的构件的连接。必须使用搭接接头时，应使两板具有适当的搭接宽度。

定位焊缝的间距一般不大于板厚的 20 倍，焊缝长度至少为板厚的 4 倍。在角部、端部及受力较大或应力集中的部位应避免设置定位焊。

(3)角接焊缝的设计

角接焊缝的形式可为 *T* 型接头或十字形接头，且通常均应是双面焊缝，如图 9 - 1 所示。两种接头形式又可分为双面连续焊、双面间断焊和交错间断焊，如图 9 - 2 所示。

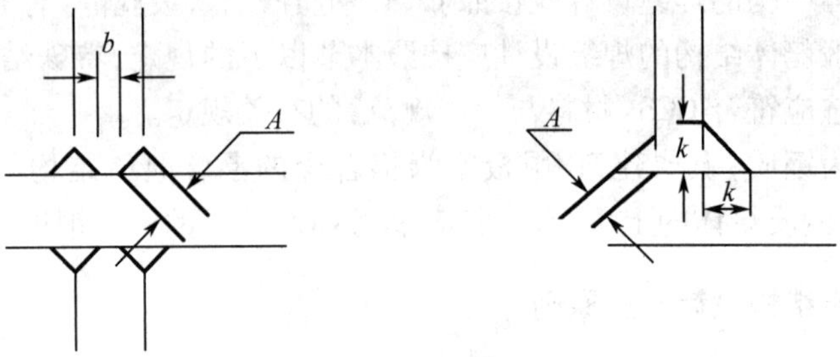

图 9 - 1　双面角焊缝

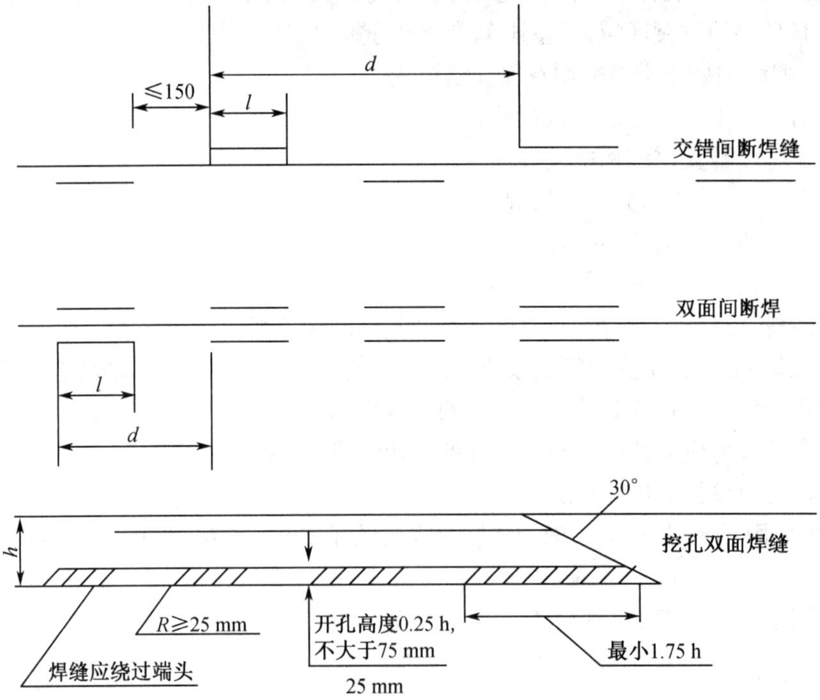

图 9 - 2　焊缝形式

对承受较高应力的角焊缝可采用立板开坡口的深熔焊，甚至采用全焊透的双面角焊缝。在中等应力条件下允许采用链式间断焊或交错间断焊。若采用单面角焊缝,应经 CCS 同意。

要求双面连续焊的角焊缝,其焊喉厚度 h 值应不小于按下式计算之值:

$$h = Wt \tag{9-6}$$

式中 W——焊接系数,艇体结构的焊接系数规定见表 9－1;

t——构件的最小厚度,mm;指角焊缝连接的构件中较薄一块板的厚度。

表 9－1 焊接系数 W

项目	焊接系数	备注
(一)一般结构		
水密或油密周界		
非密性板材的周界	0.34	允许间断焊
一般的搭接焊缝	0.13	
纵骨、肋骨、横梁和其他扶强构件	0.27	
对外板、甲板或舱壁板	0.10	在液舱处取为 0.13 在端部连接处为 0.21
(二)底部结构		
非密性中桁材对甲板	0.27	
对底板	0.21	不能挖孔
非密性肋板、旁桁材和肘板的周界	0.21	
内底纵骨或主机座纵桁对面板	0.44	连续焊
对艇体结构	0.44	连续焊
螺旋桨毂部位	0.27	
(三)艇体骨架		
腹板框架的腹板和纵桁对外板	0.13	
对面板	0.13	
(四)甲板与支承结构		
露天甲板对外板	0.44	连续焊
其他甲板对外板或舱壁板	0.21	连续焊
(作为液舱周界的除外)		
纵桁腹板对甲板以及端部肘板对甲板	0.10	
在端部肘板处纵桁腹板对甲板	0.21	连续焊
纵桁面板对腹板	0.10	
(五)上层建筑、甲板室和围蔽处所		
外围壁与甲板的连接	0.34	
内围壁处	0.13	

当连续焊角焊缝采用不同形式时，应遵循以下规定：

(1)当采用深熔焊时，焊喉厚度可以降低10%；但降低值不大于1.5 mm。

(2)当采用间断焊时，其焊喉厚度 h_1 值应按下式计算：

$$h_1 = h\frac{d}{l} \tag{9-7}$$

式中 d——焊缝节距，mm，指间断焊缝中前一条焊缝的起始处至后一条焊缝的起始处的长度；

l——焊缝长度，mm，指焊缝的连续长度，但不小于15倍板厚或75 mm，取其较小值；

h——按式(9-6)计算的焊接厚度值，mm。

(3)填角焊缝的焊脚高度 k 应不小于按下式计算所得之值：

$$k = \sqrt{2}h \tag{9-8}$$

式中，h 为按式(9-6)计算的焊喉厚度值，mm。

(4)不论采用何种焊缝形式和焊接方法，填角焊缝的焊脚高度均不得小于3 mm，也不必超过较薄构件厚度的1.5倍。间断焊缝的焊脚高度一般不必大于7 mm。

在采用间断焊时，对下列部位的包角焊缝的规定长度内应采用双面连续角焊缝：

(1)肘板趾端的包角焊缝长度应不小于连接骨材的高度，且不小于75 mm。

(2)型材端部，特别是短型材的端部削斜时，其包角焊缝的长度应为型材的高度或不小于削斜长度，取大者。

(3)各种开孔、切口处端部和所有相互垂直的连接构件的垂直交叉处，应不小于75 mm。

当结构构件穿过液舱舱壁时，在舱壁两面至少应有长度不小于75 mm的双面全焊透角焊缝。

9.3 门、窗和盖

门、窗和盖作为重要的船艇舾装件，对船舶的安全性有着很重要的意义。本节给出在设计船艇门、窗和盖时应注意的事项和规定。

1. 露天外门及舱口盖

所有要求风雨密的外门和要求水密的内门，其关闭装置都应保证相应的密性。其强度均应与其邻近的结构相当。外门开启方向应为外开式，便于逃生。

所有要求风雨密的舱口盖，其关闭装置都应保证风雨密。其强度均应与其邻近的结构相当。

在露天甲板上允许设置带有双层垫圈和舷外排水导管的平舱口盖。但游艇航行时该平舱口盖不准开启，且盖上应有“航行时不准开启”的标示。

2. 舷窗

在进行舷窗设计时，应遵循以下原则：

(1)设置在艇体舷侧干舷甲板以下所有的窗(包括开口面积不超过0.16 m^2 的舷窗)，

其开口下缘必须位于设计水线以上至少 500 mm 或 2.5% B，取大者。游艇航行时，干舷甲板以下所有的窗不准开启。

（2）设置在艇体舷侧干舷甲板以下所有窗（包括舷窗）的强度应不低于其相邻结构的强度，且这些窗必须配置固定式的铰链内侧风暴盖的关闭装置，风暴盖关闭装置应保证水密。但对于设计类别Ⅳ和Ⅴ游艇，如该窗采用外窗的形式，则允许不设置风暴盖。窗的玻璃应采用符合 CCS 接受的相关标准的钢化安全玻璃，玻璃厚度 t 应按下式计算，但不小于 6 mm：

$$\begin{cases} t = 0.0056r\sqrt{P}, & \text{对于圆窗} \\ t = 0.0056b\sqrt{CP}, & \text{对于椭圆形或矩形窗} \end{cases} \tag{9-9}$$

式中　r——圆窗玻璃的半径，mm；

b——椭圆形或矩形窗玻璃的短边长度，mm；

P——窗玻璃承受的载荷，kN/m^2，根据窗玻璃实际位置按第五章局部设计载荷取值；

C——系数，查图 9-3，图中 a 为椭圆形或矩形的长边长度。

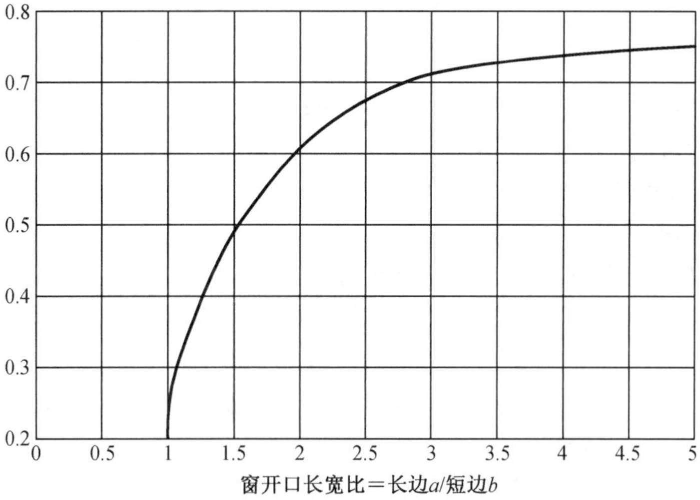

图 9-3　舷窗开口系数曲线

3. 外窗

设置在干舷甲板以上的上层建筑或甲板室上的所有窗，称为“外窗”。外窗通常为矩形，应满足以下要求：

（1）所有上层建筑和甲板室的外窗的结构和固定形式应保证风雨密。外窗玻璃应采用符合 CCS 接受的相关标准的钢化安全玻璃，聚碳酸酯玻璃或夹层玻璃，并向 CCS 提交玻璃材料的力学性能指标。

（2）对于钢化安全玻璃或聚碳酸酯玻璃的窗，其玻璃厚度 t 应不小于按下式计算所得之值：

$$t = \frac{b}{31.6}\sqrt{\frac{CP}{[\sigma_B]}} \tag{9-10}$$

式中　b——窗玻璃的短边长度，mm；

P——窗玻璃承受的载荷，kN/m^2，可根据窗玻璃的实际位置按本章 2.4.4 取值；

$[\sigma_B]$—— 玻璃的许用弯曲应力，N/mm²；

$[\sigma_B]=50$，对钢化安全玻璃；

$[\sigma_B]=26$，对聚碳酸酯玻璃；

C——系数，查图 9－3。

(3)外窗玻璃与窗框的连接以及窗框与壁板的连接应牢固、可靠，足以承受游艇在其航行水域正常航行时可能遭遇的波浪冲击。外窗玻璃若为聚碳酸酯玻璃，则玻璃嵌入窗框内的深度应不小于 $0.03b$。b 为窗玻璃的短边长度。

(4)外窗玻璃可以采用粘接方式直接与壁板连接，如有必要，应在窗玻璃的下缘处设置金属的水平构件支承玻璃重量。使用的黏合剂应具有抗紫外线、低温、高温和清洁用的化学剂的能力。黏合剂的长效黏结强度等性能指标以及施工要求、程序等文件应提交 CCS 认可。黏合剂的拉伸强度应不低于 2.5 MPa。

玻璃的黏接宽度 d 应不小于按下式计算所得之值：

$$d = \frac{2.50P_w bl}{\sigma_t(b+l)} \tag{9-11}$$

式中 $P_w=0.0125\times(50+0.5V)^2$ kN/m²；

V——最大静水航速，kn，但取不小于 30 kn；

b——窗的短边长度，m；

l——窗的长边长度，m；

σ_t——黏结剂的最小拉伸强度，N/mm²。

最小黏接宽度 $d_{min}=20b$ mm，且不小于 15 mm。

黏合剂的厚度 t 应不小于按下式计算所得之值：

$$\begin{cases} t = 5l, & \text{对于钢化安全玻璃} \\ t = 8l, & \text{对于聚碳酸酯玻璃} \end{cases} \tag{9-12}$$

最小黏接剂厚度 $t_{min}=6$ mm。

(5)第 1 层上层建筑/甲板室前壁与侧壁的外窗，应按表 9－2 的规定，配置规定数量的可卸式风暴盖。该风暴盖应为金属材料或复合材料制成，风暴盖的强度应与其周围的艇体结构相当，平时应存放在易取之处。

表 9－2 可卸式风暴盖

设计类型	可卸式风暴盖数量/窗数量	
	第 1 层上层建筑前壁	第 1 层上层建筑侧壁
Ⅰ	100%	如左右侧壁风暴盖可互换，则可配 50%
Ⅱ	100%	如左右侧壁风暴盖可互换，则可配 50%
Ⅲ	每种形式窗配一个	—
Ⅳ、Ⅴ	—	

(6)如外窗采用以下三种形式中的任意一种窗，则可不配置风暴盖：

形式一：由两层钢化玻璃之间粘贴一层厚度为 1.5 mm 的聚碳酸酯构成的双层玻璃窗。每层钢化玻璃厚度应为按式(9－10)计算所得值。

形式二：由两层中间留有 3.5 mm 空隙的钢化玻璃组成。每层钢化玻璃厚度应为按式(9-10)计算所得值。

形式三：外窗玻璃为层压玻璃，且其等效刚化安全玻璃的厚度超过按式(9-10)计算所得厚度的 30%。

【思考与练习】

1. 单臂艉轴架的剖面模数计算。
2. 双臂艉轴架的剖面模数计算。
3. 轴毂尺寸的计算公式。
4. 简述铝合金焊缝设计的一般性原则。
5. 三种焊接形式的不同点。
6. 简述舷窗和外窗的设计规定。

参考文献

[1] 中国船级社. 游艇入级与建造规范[M]. 北京:人民交通出版社,2012.

[2] 中国船级社. 钢质海船入级规范[M]. 北京:人民交通出版社,2014.

[3] 中国船级社. 钢质内河船入级与建造规范[M]. 北京:人民交通出版社,2014.

[4] 中国船级社. 沿海小船入级与建造规范[M]. 北京:人民交通出版社,2014.

[5]

[6] 中国船舶工业总公司. 船舶设计实用手册(总体分册)[M]. 北京:国防工业出版社,1999.

[7] 中国船舶工业总公司. 船舶设计实用手册(结构分册)[M]. 北京:国防工业出版社,1999.

[8] 蔡厚平,杨海燕. 船舶设计基础[M]. 哈尔滨:哈尔滨工程大学出版社,2012.

[9] 顾敏童. 船舶设计原理[M]. 上海:上海交通大学出版社,2003.

[10] 林杰人. 船舶设计原理(修订本)[M]. 北京:国防工业出版社,1989.

[11] 程国平. 船体强度与结构设计[M]. 北京:人民交通出版社,1998.

[12] 戴天授. 船体强度与结构设计[M]. 北京:国防工业出版社,1988.

[13] 冯恩德,席龙飞. 船舶设计原理[M]. 武汉:武汉水运工程学院,1990.

[14] 周国华,陈国虞. 船用型钢稳定性要求.船舶与海洋工程型钢论文集[C]. 中国造船工程学会船舶工程编辑部,1999.

[15] 吴仁元. 船体结构[M]. 北京:国防工业出版社,1984.

[16] 杨代盛. 船体强度与结构设计(修订本)[M]. 北京:国防工业出版社,1986.

[17] 王杰德,杨永谦. 船体强度与结构设计[M]. 北京:国防工业出版社,1995.